歴史文化ライブラリー
378

南朝の真実

忠臣という幻想

亀田俊和

吉川弘文館

目　次

忠烈・義烈の南朝忠臣という幻想―プロローグ……………………1
内紛まみれの室町幕府／南朝忠臣史観／平泉澄の皇国史観／南北朝正閏論争／事実に基づいた歴史観構築を／年号について

建武政権の内紛　政治路線をめぐる抗争

尊氏よりも父の天皇が恨めしい
―後醍醐天皇・足利尊氏 対 大塔宮護良親王……………………14
大塔宮護良親王の鎌倉幕府倒幕運動／新政開始直後の父子衝突／劣勢の護良／足利尊氏の権勢／尊氏暗殺未遂事件／護良親王の失脚／護良の母／尊氏と後醍醐寵姫阿野廉子の接近／政治構想の相違／護良の配流と死

大覚寺統内部の皇位継承争い―後醍醐天皇 対 康仁親王……………………36
両統迭立／文保の和談／叔父天皇と甥皇太子の不和／木寺宮康仁親王／恒

明親王と邦省親王／大覚寺門跡性円法親王

幻の鎌倉幕府再興計画―後醍醐天皇 対 西園寺公宗……………48
建武政権転覆計画／西園寺公宗の逮捕・処刑／関東申次西園寺家／新室町院珣子内親王／公宗無実説の検討

建武政権最大にして最後の内紛―足利尊氏 対 後醍醐天皇…………58
建武政権の後継者・室町幕府／年号「建武」をめぐって／『建武式目』／執事施行状／雑訴決断所による綸旨施行／苦悩する尊氏／足利家時置文について

南北朝初期における内紛　第三王朝樹立運動

幻の北陸王朝の夢―後醍醐天皇 対「天皇」恒良・新田義貞…………78
恒良親王への譲位／親足利の後醍醐皇子成良親王／「天皇」恒良／北陸王朝の幻影／恒良―新田義貞の敗死

藤氏一揆と関東王朝樹立構想
―北畠親房 対 興良親王・近衛経房・小山朝郷…………86
南朝の地方支配戦略／藤氏一揆／興良親王／室町幕府内部の対立／北畠親房の関東撤退

観応の擾乱以降における内紛 講和か、徹底抗戦か？

吉野攻撃を申し出た南朝の武将―北畠親房 対 楠木正儀……………96
南朝内部の路線対立／初期室町幕府の統治体制／執事高師直の権勢／停滞する恩賞充行／足利直義の政治姿勢／観応の擾乱／講和交渉とその決裂／怒る楠木正儀

南朝のスキャンダル―後村上天皇・北畠親房 対 中院具忠……………112
直義の失政／正平の一統／北朝の消滅と再建／室町幕府の改革／奇怪な密通事件

護良の遺児の野望―後村上天皇 対 赤松宮陸良親王……………122
新執事細川清氏／幕府の大規模侵攻作戦／赤松宮陸良親王の謀反／護良親王・北畠親房・赤松則祐の関係／仁木義長・畠山国清・清氏の失脚

大楠公楠木正成の息子、南朝を裏切る―楠木正儀 対 長慶天皇……131
斯波高経の融和政策／「雪どけ」／楠木正儀の幕府帰参／正儀の歴史的評価／正儀の正義感／南朝軍の一斉蜂起／幕府軍のサボタージュ／管領細川頼之の辞任騒動／晩年の正儀

南朝天皇の兄弟喧嘩―後亀山天皇 対 長慶上皇……………149
南朝の衰退／和平派後亀山天皇の即位／南北朝合一／後南朝

教訓　南朝の内紛が教えてくれるもの

「相対化」される「南朝忠臣史観」……………………………………160
改めて再検討されるべき南朝忠臣たち／足利尊氏との講和を目指した楠木正成／千種・名和・結城／北畠顕家の建武政権批判／公家たちの新政批判／武士に優しい建武政権／建武政権崩壊の理由／室町幕府の「忠臣」たち

南朝の潜在的反乱分子—北条時行と征西将軍宮懐良親王……………179
北条時行／征西将軍宮懐良親王／足利直冬／鎌倉府／懐良の対明外交／宮将軍・常陸親王・兵部卿親王

内紛の対立構造の変化—現代政治との共通点……………………………188
政権構想をめぐる対立の段階／皇位継承をめぐって／尊良親王と世良親王／天皇親政か幕府政体か／分派活動の段階／講和か抗戦かをめぐる対立の段階／現代政治との比較／敵の長所を学べ／政策を改良する努力を

歴史から学ぶとは？—エピローグ……………………………………………203
特攻隊員の遺書／楠木正成の卓越した「ヴィルトゥ」／正しい歴史認識と健全な愛国心

あとがき

主要参考文献

忠烈・義烈の南朝忠臣という幻想——プロローグ

1　忠烈・義烈の南朝忠臣という幻想

内紛まみれの室町幕府

室町幕府——と聞いて、読者のみなさんは何を連想されるであろうか。鎌倉幕府と言えば、七〇〇年間の武家政治の基礎を築いた源頼朝が草創し、道理と先例に基づいた公正な裁判を実施した執権《しっけん》北条《ほうじょう》義時《よしとき》・泰時《やすとき》父子、あのモンゴルの大軍を果敢にも迎え討って撃退した名執権北条時宗《ときむね》等を輩出した質実剛健な政権である。こうしたイメージが、少なくとも一般の歴史愛好家の方々には流布しているであろう。江戸幕府も、我慢に我慢を重ねて天下を獲った海道一の弓取り・神君徳川家康が開いた幕府である。家康の陰険とされる性格や、鎖国《さこく》や身分制で社会発展が停滞したことによる負のイメージも存在するものの、総体的には三〇〇年にわたる戦争のない平和な世の中を築いた絶対安定政権といった肯定的な評価でとらえられることが多い。

しかし、同じ幕府であっても、この二つの強大な幕府の間に挟まれた室町幕府にはとにかく貧相でみすぼらしい印象がつきまとうのではないだろうか。三代将軍足利義満《あしかがよしみつ》の時代に若干栄えて金閣寺を建立したり、日明《にちみん》貿易を推進したことなどを除けば、朝廷が分裂し、二人の天皇が並び立つ状況を六〇年間も解決できなかった南北朝時代の幕府、一〇年以上にもわたる戦乱で京都を廃墟にしてしまい、将軍の権威も地に墜ちた応仁《おうにん》・文明《ぶんめい》の大乱、そして戦国時代の室町幕府は本拠地の山城《やましろ》一国すら維持できず、将軍も家臣に追放されて諸国を放浪するなどなど、とにかく弱々しくて情けない印象しか残していない。

とりわけ室町幕府の「弱さ」を顕著に印象づけるのは、その内輪もめの激しさである。

まずは観応元年（一三五〇）、幕府が発足していきなり、初代将軍足利尊氏《たかうじ》の執事《しつじ》高師《こうのもろ》直《なお》と、尊氏の弟で当時兄と幕府を二分割して統治していた足利直義《ただよし》が衝突した。両者の抗争はやがて尊氏と直義の兄弟喧嘩に発展し、幕府の武将はそれぞれの陣営に参加し、全国を股にかけて交戦した。これを観応《かんのう》の擾乱《じょうらん》と呼ぶ。

観応の擾乱は結局直義の敗北に終わった。しかし、直義が死んだ後も、尊氏の庶子であるのに父に愛されず、直義の養子となった足利直冬《ただふゆ》が京都に攻め入り、父尊氏と死闘を繰り広げた。尊氏が死去した後も、執事細川清氏《ほそかわきようじ》と幕府の宿老佐々木導誉《ささきどうよ》、管領《かんれい》細川派と管領斯波《しば》派など、有力守護《しゅご》同士が激しく抗争した。

南朝《なんちよう》と北朝《ほくちよう》が合一《ごういつ》した後も幕府の抗争は絶えなかった。比較的著名で大規模な内紛としては、例えば永享《えいきよう》の乱《らん》が挙げられる。室町幕府は、鎌倉府《かまくらふ》という関東地方統治機関を設置していた。永享の乱は、鎌倉府の首長を務めていた四代鎌倉公方《かまくらくぼう》足利持氏《もちうじ》が六代将軍足利義教《よしのり》と戦った戦争である。関東地方全域が戦乱に巻き込まれ、一時鎌倉府が滅亡するほどの大乱であった。先にもふれた応仁・文明の乱については、著名であるので多言を要しないであろう。この乱は、要するに足利将軍家や守護家の跡継ぎ争いがこじれて大戦争に発展したものである。また近年は、例えば一〇代将軍足利義稙《よしたね》と一一代将軍義澄《よしずみ》の抗争に関して実証的に精密な研究が進展している。

めぼしいものをざっと列挙しただけでも、これほど多くの内紛が室町幕府には存在していた。小さなものまで挙げるともうキリがなく、それを紹介するだけでこの本が終わってしまいそうなほどである。このように内紛は室町幕府のお家芸であり、代名詞とも言えるのである。

一方、この幕府と戦った建武《けんむ》政権やその後身である南朝は、幕府とは正反対に天皇に熱烈一途に忠節を尽くし、一致団結して幕府と戦った忠臣ぞろいだった印象が強いのではないだろうか。

南朝忠臣史観

その典型例は、言わずと知れた「大楠公《だいなんこう》」楠木正成《くすのきまさしげ》である。後醍醐《ごだいご》天皇の倒幕運動に応じて挙兵した楠木正成は河内国《かわち》の赤坂城《あかさか》・千早城《ちはや》に籠城し、鎌倉幕府の大軍相手に奮戦を続けた。これによって全国の武士が倒幕のために挙兵するきっかけを作り、幕府打倒に大いに貢献したのである。

足利尊氏が後醍醐に謀反を起こして挙兵した後も正成は一貫して天皇に忠誠を尽くし、摂津国《せっつ》湊川《みなとがわ》の戦いで兵力的に絶対的に不利な形勢を百も承知で尊氏の大軍を相手に戦い、壮絶な戦死を遂げた。『太平記《たいへいき》』巻第一六に記されている、この決戦の直前に正成が息子の正行《まさつら》に別れを告げたいわゆる「桜井《さくらい》の別れ」は、楠木父子の天皇への一途な忠誠心を伝える美談として、戦前は修身や歴史の教科書に必ず記載される大変著名な逸話であった。

正成の息子正行も「小楠公《しょうなんこう》」と称され、後世永く南朝に対する忠誠を称えられた。細《ほそ》川顕氏《かわあきうじ》・山名時氏《やまなときうじ》といった室町幕府の有力武将を彼が撃破した史実は、父正成に劣らぬ名将ぶりを示すと評価されている。河内国の四条畷《しじょうなわて》の戦いで、劣勢にもかかわらず幕府執事高師直の大軍と真っ正面から戦って戦死した最期も美談として知られている。

南朝の忠臣はもちろん楠木親子だけではない。例えば北畠顕家《きたばたけあきいえ》も看過できない存在感を誇っている。顕家は建武元年（一三三四）、わずか一六歳の若さで京都からはるかに遠い奥州《おうしゅう》へ下向し、義良《のりよし》親王（後の後村上《ごむらかみ》天皇）を奉じて、陸奥国司《むつこくし》として東北地方を統治した。これが建武政権の東北地方統治機関、いわゆる陸奥将軍府である。足利尊氏挙兵後は、顕家は鎌倉から西上する尊氏を追ってはるばる京都まで大遠征を行い、京都で足利軍を打ち負かし、一時は九州まで没落させる大戦果を挙げた。顕家は建武四年（一三三七）にも再び京都へ向かって遠征するが、翌年五月、和泉《いずみ》国で力尽きて悲劇的な戦死を遂げる。

また、『太平記』で足利尊氏のライバルと位置づけられた新田義貞《にったよしさだ》も、愚直に天皇に従い続けた忠臣として知られている。

平泉澄の皇国史観

「内紛まみれで不忠の足利氏、一致団結した忠義に厚い南朝」——こうした「南朝忠臣史観」は古来から伝統的に根強く存在していた。この歴史観が最も鮮明に表れている典型的な一例として、平泉澄《ひらいずみきよし》の学説がある。

平泉はいわゆる皇国史観《こうこくしかん》を集大成した、戦前の代表的な日本中世史家である。この平泉が、戦後の高度経済成長期のまっただ中、昭和四五年（一九七〇）に著した『少年日本史』という本がある。この本は戦後衰退した皇国史観の復活を目指し、当時の子どもたちに平泉の歴史学を伝える目的で書かれたものである。子ども向けだけに平泉の主張が平易に述べられており、彼の歴史思想、それも晩年の完成したものを手っ取り早く理解するには最適の本である。

この本で平泉は南北朝初期室町幕府の内部分裂などの歴史について簡潔に紹介したあと、次のように述べている（「五六　室町時代」、原文にはすべてふりがなが振られているが、原則省略した）。

彼等（引用者註―足利氏）には道徳が無く、信義が無く、義烈が無く、情愛が無いのです。あるものは、只私利私慾だけです。すでに無道であり、不信であり、不義であり、非情であれば、それは歴史に於いて只破壊的作用をするだけであって、継承及び発展には、微塵《みじん》も貢献する事は出来ないのです。

また、こうも言っている。

それ故に吉野《よしの》時代（引用者註―南北朝時代）がわずか五十七年の短期間であるに拘《かかわ》らず、我が国の歴史に貢献する所、極めて重大であり、記述するべき事の豊富でありますのは、一に吉野の君臣の忠烈、日月と光を争った為であって、足利主従は之に対して逆作用をしたに過ぎないのであります。従って其の吉野の忠烈さびしく消えて、世の中は只足利の一色に塗られた室町時代は、たとえ時間の上では百八十二年、吉野時代の三倍を越えたにしても、是と云ってお話すべき価値のあるものは、無いのです。室町幕府は日本史の継承や発展にはまったく貢献せず、ただただ歴史を破壊してばかりいた。だから、室町時代について特筆するべき価値のあることなど微塵も存在していない。繰り返すとおり、平泉が抱く南朝忠臣史観がよく出ている文章と評価できよう。

南北朝正閏論争

南朝と北朝いずれが正統な王朝であるかを議論する名分論《めいぶんろん》、いわゆる南北朝正閏《せいじゅん》論争は、戦前の歴史学界においては非常に重大な問題であった。この論争において、南朝が正統であるとする根拠として、三種の神器《じんぎ》の真贋論争とともに、右に述べた、南朝の構成員の方が北朝のそれよりも道徳的にはるかに優れていたとする南朝忠臣史観が大きな割合を占めていることは言うまでもないであろう。

そして、この歴史観は現代においても、少なくとも特に年配の一般の歴史愛好家の間で依然根強く持たれているとおぼしい。いや、専門の歴史学者もさすがに皇国史観ほど極端ではないにせよ、こういう印象を抱いている方は多いかもしれない。つまり、南朝の重臣や武将たちも、平泉が強調するほど聖人君子の集まりではなかっただろう。しかし、それでも幕府の内訌《ないこう》の激しさや、好色・凶暴で著名で当時「婆娑羅《ばさら》」と称された高師直以下幕府諸将の不道徳ぶりに比べればましであった。こう漠然と思っている人は多いのではないだろうか。

それは、戦後の歴史学が南北朝正閏論争をまったく問題にしなくなったことが大きく影響していると思われる。戦後の南北朝時代の政治史研究は名分論を否定し、建武政権や室町幕府の統治組織や訴訟制度の沿革を精緻に分析する方向で進展した。戦後の実証主義歴史学者にとって、南朝の道徳的優越性や、楠木や北畠の美しい敢闘精神など、言ってしまえばどうでもいい、とるにたらない問題にすぎなかったわけである。だが反面、だからこそ南朝忠臣史観は十分に検証されることなく、今なお一般に残存した側面もあるのではないだろうか。

事実に基づいた歴史観構築を

だが、一致団結した美しき忠臣ぞろいの南朝、これは本当に正しいのであろうか。確かに室町幕府は醜い内輪もめの連続であった。これは厳然たる事実であり、室町幕府や足利尊氏、高師直たちを愛する筆者がいくらがんばって否定しようとしても、残念ながら絶対に覆しようのない史実である。

しかし結論を先に言えば、現実の南朝も室町幕府と同等、否それ以上に内紛まみれの政権であった。南朝は、平泉が論じるように「吉野の君臣の忠烈、日月と光を争っ」てなどいない。普通の人間たちが、普通に欲得づくで行動する普通の姿しかない。「南朝忠臣史観」など幻想に過ぎないのである。

南朝の内紛の歴史を紹介し、南朝忠臣史観の虚像を暴き、名分論を排した現実的な歴史観構築を目指す、これが本書の目的である。戦後名分論が流行らなくなったとは言っても、南朝が道徳的に優越していたとする史観は、一応は「相対化」された。戦後の南北朝時代政治史研究の巨人佐藤進一氏の不朽の通史『南北朝の動乱』や以降の諸書でも、南朝の内紛については随所に言及されている。

しかし、南朝の分裂の歴史を主題として全面的に取り上げ、これを基軸に据えて総体的に論じた研究や通史はいまだに存在しないようである。その意味でもこのささやかな書物が果たす役割は大きいのではないかと自負する。

平泉澄よりはるかに先輩の明治・大正時代の実証的歴史学者田中義成は、次のように述べている。

（前略）吾人《ごじん》が歴史を研究する上に、大義名分の為に事実を全く犠牲に供する必要を見ず。必ずや事実を根拠として論ぜざる可《べ》からず。（ふりがな引用者）（『南北朝時代史』）

それをうけて、前述の佐藤進一氏は、

むしろ田中以前の、つまり明治・大正期の、素朴ではあるが自由な史論に多くのものを学ばなければならない。（『南北朝の動乱』）

と述べている。筆者は彼らの意見に大賛成である。そして、戦後軽視されてきた南朝の歴史に関しても、改めてこれを直視し、事実を根拠として論じ、素朴に自由に論じる作業は必要不可欠と考えるのだ。

南朝の実像を知ることで、一般的に流布している従来の南北朝時代像も大きく変わる可能性がある。特に本書の最後で論じるように、南北朝期の政治史は現代日本の政党政治と類似している点が非常に多いように見受けられる。南北朝時代を理解することは現代日本をも理解し、教訓を得る絶好のヒントとなり得ると筆者は確信するのである。

それでは、早速南朝の前身である建武政権内で起こった内紛の紹介から始めることにしよう。

年号について

とその前に、本書は南朝をメインにあつかうが、年号に関しては原則として北朝年号を使用することをあらかじめ断っておきたい。この時代は二人の天皇が並び立って争ったため、年号も南朝・北朝のものが同時に存在した。しかし本論でも触れるように、実際の戦況が北朝—室町幕府の圧倒的な優勢で展開した事情もあって、現存する古文書《こもんじょ》や古記録は北朝年号を使用している史料がほとんどである。そのため、北朝年号で論じた方がこの時代を理解しやすい場合が多いのである。

特に戦前の史書は南朝年号を使用しているものが多いが、事例がきわめて少ない年号を優先している時点で、南朝を過大評価する、バイアスのかかった歴史観がすでに現れていると言えよう。

但し書きも終わったところで、それではいよいよ本論の始まりである。

建武政権の内紛

政治路線をめぐる抗争

尊氏よりも父の天皇が恨めしい
——後醍醐天皇・足利尊氏 対 大塔宮護良親王

大塔宮護良親王の鎌倉幕府倒幕運動

大塔宮護良親王《おおとうのみやもりよし》は、後醍醐《ごだいご》天皇の皇子である。出家して尊雲法親《そんうんほっしん》王《のう》と名乗り、比叡山延暦寺《ひえいざんえんりゃくじ》のトップである天台座主《てんだいざす》を務めていたこともあった。

元弘元年（一三三一）四月、父の後醍醐天皇が鎌倉幕府打倒を計画していることが発覚した。正中元年（一三二四）の正中《しょうちゅう》の変《へん》に続く二度目の倒幕の陰謀、いわゆる「元弘《げんこう》の変《へん》」である。

この計画が発覚すると、尊雲法親王は父後醍醐の倒幕運動に応じ、比叡山の衆徒《しゅと》を率いて幕府の西国統治機関である六波羅探題《ろくはらたんだい》を攻撃した。しかしこのときは敗退し、尊雲は行方不明となった。後醍醐も笠置寺《かさぎでら》に籠城していたが、幕府軍の攻撃によって同寺は九月に陥落し、逮捕された。そして翌元弘二年三月、後醍醐は隠岐島《おきのしま》に流された。

しかし、行方をくらましていた尊雲は、実は畿内南部の山岳地帯に潜伏し、幕府に抵抗するための軍勢をたくわえていたのである。一一月、尊雲は還俗して護良親王と改名し、大和《やまと》国吉野で挙兵した。これに呼応して、河内《かわち》国千早《ちはや》城に楠木正成《くすのきまさしげ》、播磨《はりま》国苔縄《こけなわ》城に赤《あか》松円心《まつえんしん》が兵を挙げた。ちなみに円心の子則祐《そくゆう》は、護良の従者であった。

前年に続いて幕府は大軍を派遣してこれらを攻撃した。しかし、護良たちは険しい山岳地帯でゲリラ戦を展開し、幕府軍を翻弄した。

そして元弘三年四月、六波羅探題を救援するために関東から畿内に派遣された足利高氏《あしかがたかうじ》（後の尊氏。本書では混乱を避けるため、以降「尊氏」と統一して表記する）が遂に後醍醐方に寝返り、護良親王たちの軍勢とともに六波羅を攻撃した。そのため、翌五月に六波羅探題は滅亡した。一方、関東でも新田義貞《にったよしさだ》が挙兵して鎌倉に攻め入り、同月得宗北条高時《とくそうほうじょうたかとき》・執権赤橋守時《しっけんあかはしもりとき》以下を自害させた。

ここにおよそ一五〇年続いた鎌倉幕府はあっけなく滅び、後醍醐天皇を首長とする新政権の建武《けんむ》政権が発足した。右に略述した幕府滅亡の経緯を見るだけでも、護良親王の功績は非常に大きい。まさに父天皇のために命がけで戦ったわけである。その勲功は楠木正成・新田義貞・足利尊氏等に匹敵、否、第一と評価していいかもしれない。

新政開始直後の父子衝突

しかし、政権発足早々護良と後醍醐の関係は決して良好ではなく、微妙な行き違いをはらんでいた。幕府が滅亡したにもかかわらず、護良が奈良の信貴山《しぎさん》に籠城し続けていたからである。

翌六月、隠岐から京都に戻った後醍醐は、信貴山に立て籠もる我が皇子に勅使を派遣し、軍勢を解散して京都に戻り、ふたたび出家することを命じた。だが、護良はこれに従わなかった。

武装解除せず、臨戦態勢を継続する護良の主張はこうである。六波羅探題滅亡後、足利尊氏が京都に奉行所《ぶぎょうしょ》を開設し、諸国から続々上洛する武士たちを配下に組織し、京都支配を固めつつあった。護良は、尊氏のこの行動に幕府再興の意図ありと見て、警戒と監視を怠らなかったのである。

このときの尊氏が、足利氏の今後を見据えて勢力増強に努めていたのは確かであろう。そして本書でも後述するように、現実に尊氏は後に謀反を起こして後醍醐を裏切った。しかし、鎌倉幕府滅亡直後のこの段階で、尊氏に後醍醐への叛意まで見出すのは被害妄想としか言いようがない。

そもそも後醍醐は六月に帰京すると、ただちに尊氏に内昇殿《ないしょうでん》を許して彼を鎮守府《ちんじゅふ》将軍《しょうぐん》兼左兵衛督《さひょうえのかみ》に任命している。弟の直義《ただよし》にも左馬頭《さまのかみ》の地位を与えた。このように、後醍醐は足利兄弟の功績を十分に評価しているのである。

息子のわがままに困った後醍醐は、彼を征夷大将軍《せいいたいしょうぐん》に任命してなだめ、ようやく京都に帰らせることができた。

劣勢の護良

以上の経緯からあきらかであるように、建武政権は発足早々いきなり内紛の火種を抱えたのである。それは、ともに倒幕の功労者である護良親王と足利尊氏の対立であった。と言うより、護良が一方的に尊氏を嫌い、彼に敵意を抱いたと言った方が適切であろう。

両者の対立は一貫して尊氏有利に展開した。

まず元弘三年九月頃、護良は征夷大将軍を解任された。六月に任命されたばかりだから、わずか三ヵ月ほどしか経っていないわけである。

次いで同じ頃、護良が発給していた令旨《りょうじ》の無効化を宣言する布告まで出された。「令旨」とは、皇族や皇后などが出す命令書のことである。奉書《ほうしょ》、すなわち主人の意思を従者が奉じて、従者の署名によって発給する形式を採った。天皇が出す同様の命令を「綸旨《りんじ》」、天皇を辞めた上皇や出家した上皇（法皇）が出すものを「院宣《いんぜん》」と呼ぶ。

鎌倉幕府と交戦している最中から、護良はこの令旨を全国に向けて大量に発給していた。言うまでもなく、配下に加わった武士に恩賞《おんしょう》として所領を与え、その支持を継続して軍事力を強化するためである。

しかし、護良の令旨は、特に軍事指揮系統と恩賞充行《あてがい》・所領安堵《しょりょうあんど》の面で、後醍醐天皇が発給する綸旨の内容と矛盾し、衝突することが多かった。そこで、これらが一切無効とされ、後醍醐綸旨が優先することになった。すなわち、護良の令旨を所持し、これを根拠に所領拡大を意図する者は、すべて侵略者・犯罪者ということになってしまったわけである。

足利尊氏の権勢

護良は、征夷大将軍のほかに倒幕の恩賞として、兵部卿《ひょうぶきょう》の地位および和泉《いずみ》・紀伊《きい》の二ヵ国を知行国《ちぎょうこく》として与えられ、これらは維持していた。とはいえ、次に述べる足利尊氏の厚遇ぶりと比較するとその劣勢は否めない。

前述したように、倒幕の恩賞として、尊氏は鎮守府将軍および左兵衛督、弟直義は左馬頭に任命された。尊氏の位階も、それまでの従五位上《じゅごいじょう》から三階級昇進して従四位下《じゅしいげ》となった。そもそも「尊氏」の「尊」は、後醍醐天皇の実名「尊治《たかはる》」の「尊」一字を拝領したものである。

それだけではなく、足利兄弟は広大な領土を恩賞として獲得した。尊氏は全国に分布する三〇ヵ所の地頭職《じとうしき》、直義も同じく一五ヵ所の地頭職を拝領した（東京大学史料編纂所所蔵比志島文書《ひしじまもんじょ》）。地頭職だけではなく、尊氏は鎌倉以来の武家の聖地とも言える武蔵《むさし》国の守護職《しゅごしき》も与えられ、国司《こくし》も兼任した。足利氏が鎌倉以来保持していた上総《かずさ》国の守護職も維持した。また、同じく武家の聖地相模《さがみ》国も、後に直義が相模守に就任した（後述）。越前《えちぜん》国の守護も当初は新田義貞の弟脇屋義助《わきやよしすけ》であったが、やがて足利一門の斯波高経《しばたかつね》に交代している。

これらの恩賞地の多くは単に広大であるだけではなく、軍事・経済や交通・流通の面で重要な要所に位置している。その多くはやがて足利氏の手を離れ、「御料所《ごりょうしょ》」と呼ばれる将軍直轄領には直結しなかったことが指摘されている。だが、それでも後の南北朝動乱で室町幕府の軍事行動を支えたと考えられるのである。

特筆するべきは、建武政権の地方支配に対する足利氏の積極的な関与である。

まず、奥州に関しては、鎮守府将軍としての立場から、足利一門の名門斯波氏と推定される尾張弾正《おわりだんじょう》左衛門尉《ざえもんのじょう》を派遣し、陸奥《むつ》将軍府《しょうぐんふ》の北畠顕家《きたばたけあきいえ》と共同して支配にあたらせた。

次いで関東一〇ヵ国には、元弘三年一一月に直義が相模守に任命され、翌一二月に後醍醐皇子成良《なりよし》親王を奉じて下向し、鎌倉を本拠地として統治した。これが建武政権の関東地方統治機関、いわゆる鎌倉将軍府である。

なお後醍醐天皇は、主に軍事指揮権を中心として尊氏に九州地方の支配を委任していた形跡がある。建武元年（一三三四）九月一〇日、後醍醐は日向《ひゅうが》・薩摩《さつま》守護島津貞久《しまづさだひさ》に「鎮《ちん》西警固《ぜいけいご》」を命じる綸旨を発給しているが、二日後に尊氏がこれを執行する施行状《しぎょうじょう》を出している（いずれも薩摩島津家文書）。他の九州諸国の守護に対しても、同様の後醍醐綸旨と尊氏施行状が出されていたと見るべきであろう。

さらにこの事実から、ゆくゆくは尊氏を実際に九州に派遣し、陸奥国司北畠顕家の陸奥将軍府、足利直義の鎌倉将軍府と並ぶ第三の広域地方統治機関「鎮西将軍府」とでも呼ぶべき機構を設置することを後醍醐が構想していたと推定する研究者もいる。

そもそも九州地方は、鎌倉末期には、尊氏の正妻赤橋登子《あかはしとうし》の兄妹英時《ひでとき》が鎮西探題として統治していた。尊氏は、もともと妻の縁で九州に関係があったのである。後年、北畠顕家に敗北して九州に没落した尊氏は、奇跡的な早さで体勢を立て直し、京都に再上洛して幕府復興を遂げる。これを可能にしたのも、鎌倉末〜建武政権期に尊氏が九州に張っていた「伏線」の影響も大きかったのではないだろうか。

もちろん中央政界においても、足利氏は権力の中枢に積極的に参加していた。

元弘三年九月、建武政権は、膨大な案件に達していた不動産に関する訴訟を迅速に、かつ統括的に処理するため、雑訴決断所《ざつそけつだんしょ》という機関を新設した。この雑訴決断所は、翌建武元年八月に四番制から八番制に大幅に拡張され、巨大訴訟機関に発展した。あの有名な、「此比《このごろ》都ニハヤル物」で始まる二条河原落書《にじょうがわらのらくしょ》（『建武記』）に、「モル、人ナキ決断所」と評されたのがこれである。

この拡張された決断所に、上杉憲房《うえすぎのりふさ》・高師直《こうのもろなお》・同師泰《もろやす》といった足利氏の家臣も職員として参加しているのである。

上杉憲房は、足利尊氏の母方の伯父にあたる。彼の一族が南北朝戦乱を戦い抜き、後に関東管領《かんとうかんれい》上杉氏として鎌倉公方《かまくらくぼう》足利氏を補佐し、さらに有力な戦国・近世大名として存続したのは周知の事実であろう。

高師直兄弟は、言わずと知れた尊氏を支えた南北朝時代最強の武将である。本書でも、この後たくさん登場して活躍してもらうことになる。

また、決断所職員名簿には、後に室町幕府の奉行人《ぶぎょうにん》（法曹官僚）として幕府の訴訟に携わった人物の名も多数見えるのである。

ところで、足利尊氏は後醍醐天皇に高い地位を与えられ、一見厚遇されたようでありながら、実は建武政権の中枢からは排除されていた。これは、強大な実力を持つ尊氏が警戒されていたためで、当時の貴族たちは、この微妙な政治状況を「高氏なし」と裏でこそこそささやきあった。――建武政権期の尊氏については、こうした評価が従来は定説であった。しかし、右に列挙したような建武政権の中央・地方支配に対する足利氏の絶大な貢献を見れば、そのような定説的評価は再考の余地があるのではないだろうか。

そもそも「高氏なし」の典拠は、『梅松論《ばいしょうろん》』という歴史書である。この『梅松論』は、著者は不明であるが、元弘・建武の戦乱について足利氏の立場から論述したものとして古来より知られている。となれば、尊氏の覇業の正統性を主張する目的で、建武政権期の尊氏の不遇をことさら誇張して記述した可能性は排除できない。つまり、「尊氏は後醍醐に非常に貢献したにもかかわらず迫害されたのだから、謀反を起こしても当然」という論理である。であるので、この点は差し引いて考慮する必要があると筆者は考える。

尊氏暗殺未遂事件

右に述べたように尊氏が厚遇され、日に日に建武政権の重要な権限を任されていったのに対し、護良は征夷大将軍をわずか三ヵ月で罷免され、令旨も無効とされた。この影響で、彼が保有する軍事力もみるみる衰えていった

1　伝足利尊氏像（京都国立博物館所蔵）
かつては足利尊氏の騎馬武者像とするのが定説であったが，近年は高師直とする見解なども出されている．

と推定されている。両者の差は広がり、護良は尊氏に大きく水をあけられる状況となった。そこで護良は非常手段を採用することとした。すなわち、数少なくなった劣勢の武力で尊氏を暗殺することを計画したのである。建武元年五月から九月にかけて、護良は、尊氏の邸宅や外出中の尊氏を襲撃しようとした。しかし、これを察知した尊氏が周辺の警備を厳重にしたために、すべて未遂で終わった。

前述の『梅松論』には、この護良の「テロ計画」は、実は後醍醐天皇が裏で糸を操っていたと述べられている。当時そのような噂が流れていたことはおそらく確かであろう。しかし実際に本当だったのかについては、前述の理由で筆者は疑わしいと考えている。

護良親王の失脚

建武元年一〇月二二日、参内《さんだい》した護良親王は、後醍醐側近の結城《ゆうき》親《ちか》光《みつ》・名和《なわ》長年《ながとし》に突然逮捕された。『太平記《たいへいき》』巻第一二によれば、護良が帝位を奪う陰謀を企んだ証拠を尊氏が手に入れて、後醍醐寵妃阿野《あの》廉子《れんし》を通じて天皇に通報した、というのがその理由であったという。『保暦間記《ほうりやくかんき》』では、二歳になる自分の皇子を天皇位につけようとしたとする点および廉子が登場しない点が異なるが、あとは『太平記』とほぼ同じである。

『梅松論』になるとニュアンスが異なっていて、護良の尊氏襲撃未遂を尊氏が後醍醐に抗議し、後醍醐がそれを受け入れたためとされている。常識的に考えると『梅松論』の方が正確な気もするが、真相はともかくとして護良が何らかの罪を着せられて失脚し、一罪人に転落した史実に変わりはない。

また護良配下の武士である南部《なんぶ》・工藤《くどう》たちも逮捕され、三条河原《さんじようがわら》で処刑された。その他、護良派の浄俊律師《じようしゆんりつし》も処刑。浄俊は、正中の変のとき、首謀者として佐渡島《さどがしま》で鎌倉幕府に斬られた日野資朝《ひのすけとも》の弟である。彼はまた、建武三年（一三三六）、後醍醐と交戦中の足利尊氏に光厳《こうごん》上皇の院宣を届け、尊氏の信任を得て醍醐寺座主《だいごじざす》や東寺長者《とうじちようじや》に任命され、「将軍門跡《しようぐんもんぜき》」と称された三宝院賢俊《さんぽういんけんしゆん》の弟でもある。

さらに中納言《ちゆうなごん》万里小路《までのこうじ》藤房《ふじふさ》が護良逮捕の二週間前に突然出家し、失踪した事件も看過できない。藤房は後醍醐天皇の近臣として古くから天皇の親任が厚く、倒幕運動にも参加し、建武政権では恩賞方《おんしようがた》三番頭人《とうにん》に抜擢されている。反面、彼は思った本音を何でもズバズバ言う硬骨漢《こうこつかん》であり、建武の新政の問題点を天皇に直接指摘して受け入れられなかったので絶望したのが失踪の理由であったと言われている。佐藤進一氏は護良事件の影響も作用した可能性を指摘しているが、おそらくそうであろう。これも本書のテーマである南朝（建武政権）の内紛に挙げられる。

ともかく、足利尊氏と護良親王の対立は尊氏の勝利に終わった。となると、勝敗がこのように決した理由が次に問題となるであろう。換言すれば、後醍醐天皇が我が息子の護良を捨てて、赤の他人の尊氏を取った理由である。これには、次の二つの理由が考えられる。

護良の母

第一に、護良の出自である。

後醍醐天皇は精力絶倫な天皇として知られ、護良以外にもたくさんの皇子・皇女がいた。その数は、記録に残っている者だけでも三〇名を超えるという。その中でも彼は、特に新政開始後は寵愛する阿野廉子が産んだ皇子に後を継がせようとしていた。

後醍醐天皇の当時の皇太子（次期天皇予定者）は、廉子が産んだ恒良《つねよし》親王であった。また、陸奥将軍府の義良《のりよし》親王（後の後村上《ごむらかみ》天皇）や前述の鎌倉将軍府の成良親王も、廉子が産んだ皇子である。

これに対して、護良の母については民部卿三位《みんぶきようさんみ》と呼ばれる女性であったことがほぼ確実であるが、呼び名以上の詳細は実ははっきりしない。古くは北畠親房《きたばたけちかふさ》の祖父師親《もろちか》の娘、すなわち親房にとっては伯母にあたる親子《ちかこ》であるとされ、それが長らく定説とされてきた。だとすると護良と親房は従兄弟同士であったことになる。しかし現在ではこの説は疑問視されている。

近年森茂暁氏が、護良の母を日野経光《ひのつねみつ》の娘経子《つねこ》とする見解を出している。しかし、その後岡野友彦氏が、やはり北畠師親の娘であったとする説を提唱している。ただし名前は親子ではなく、資子《すけこ》と経子の可能性を提示し、断定は保留している。このように護良の母に関しては謎が多いのであるが、ともかく確実に言えることは阿野廉子ではないことである。

また護良は元来僧侶であったし、前述したように鎌倉幕府滅亡直後、後醍醐は彼に再度出家することを命じている。鎌倉後期には、一時後醍醐が出家前の護良を後継者にしようと考えていた話も伝わってはいる（『太平記』巻第一）。だが、少なくとも新政開始時点で後醍醐に彼を後継者にする意志がまったくなかったことは、恒良が皇太子とされた事実からも確かである。この時点ですでに護良は不利な立場にあった。

なお、民部卿三位は護良を産む以前に後醍醐の祖父亀山《かめやま》法皇の寵愛を受け、尊珍法親王《そんちんほっしんのう》を産んでいる。これもまた、後醍醐と護良の親子関係に影響を与えたのかもしれない。

尊氏と後醍醐寵姫阿野廉子の接近

一方足利尊氏は、阿野廉子と政治的に積極的に連携していた形跡がある。前述した、護良の陰謀を尊氏が廉子を通じて後醍醐に通報したエピソードからもそれが窺える。また足利直義に奉じられて関東に下向した成良親王も、これも前述したように廉子が産んだ皇子であった。

余談ながら、かつてNHK大河ドラマ『太平記』が放映されていた頃、ブームに便乗して南北朝時代関連の書籍が多数発売されていた。そのとき筆者は、尊氏と廉子が不倫の関係にあり、なんと宮中で後醍醐の目を盗んで不倫におよぶシーンを描写する小説を読んで絶句した記憶がある。これはさすがに飛躍しすぎであろうが、ともかく廉子との提携には、尊氏の政治家としての嗅覚のするどさが垣間見えるであろう。

もっとも阿野廉子に関しては、護良も彼女と連携していたという見方も存在する。北畠顕家が実質的に運営した陸奥将軍府については本書冒頭でも言及したが、この陸奥将軍府は、関東・奥州の足利尊氏勢力を牽制することを目的として、北畠氏と連携していた護良が後醍醐に強く主張して設置されたものであったと佐藤進一氏は主張する。そして、廉子が産んだ義良親王が将軍府の形式上の首長を務めていたことから、廉子と護良の連携まで佐藤氏は推定する。この史料的根拠は、先ほども登場した『保暦間記』という歴史書である。この見方は、当該分野の研究において長らく定説的地位を占めてきた。

しかし結論を先に言えば、筆者はこの見解には否定的な立場をとっている。顕家の父北畠親房が著した著名な歴史書『神皇正統記《じんのうしょうとうき》』では、『保暦間記』とは逆に、後醍醐天皇の積極的な主導で陸奥将軍府が発足したことになっているからである。本書によれば、顕家が後醍醐の命令を何度も辞退したにもかかわらず、後醍醐は顕家を直接召して自ら旗の銘を書き、多数の武器を与えて奥州下向を強く命じたという。

要するに陸奥将軍府の設置の経緯に関しては、正反対の内容を記す二つの史料が存在するのである。『保暦間記』も『神皇正統記』も、南北朝期の政治史研究に積極的に活用されている一級史料である。が、少なくともこの問題に関しては、『神皇正統記』の記述に軍配を上げるべきであると筆者は考える。と言うより、この問題に関する伊藤喜良氏の見解を筆者も支持する。

『保暦間記』とは、保元から暦応、すなわち平安末期から南北朝初期に至る日本史を論述したものであるが、著者は不明である。成立年代は南北朝中期と言われ、後世の編纂物であることは確かである。対して『神皇正統記』は、自身も義良・顕家ともに奥州に下向した政治家が書いた書物である。言わば当事者が書いている時点で、両者の史料的価値の差は歴然としているのではないだろうか。

もちろん、当事者の証言だからといって鵜呑みにしていいわけではない。しかし、陸奥将軍府の設置の経緯に関して言えば、ここで親房がわざわざ虚言をはく必然性はどこにもないと筆者は考えている。

なぜなら陸奥将軍府は、一時は足利尊氏を窮地に追い込むなど、それなりに奥州統治に成功したと評価できるからである。事実上のリーダーの北畠顕家自身も同様に認識していた模様である。もし、そのような組織を自分たちの積極的な主導で作り上げたのだとすれば、むしろ誇らしげに書き記すのではないだろうか。

ところで、岡野友彦氏は佐藤説を支持し、親房が護良主導の事実を記さなかったのは、「結果として後醍醐天皇と対立することになってしまった護良親王を描くことで、心ならずも天皇と対立してしまった自らの過去を描くことを懼《おそ》れたから」とする。

だが岡野氏自身も認めるとおり、『神皇正統記』は後醍醐天皇の政治を基本的に失策として描いている。尊氏が後醍醐天皇の実名から一字拝領して改名した事実でさえ平然と無視し、一貫して元の名の「高氏」と表記し続けている。しかも、親房は他の著書でも後醍醐の政策を批判して憚らない。建武政権期の親房が政権の中枢から排除されていたらしいことも、古くから指摘されている定説である。また、後述するように子息の顕家に至っては、戦死直前に建武新政を真っ向から全否定する諫奏《かんそう》を天皇に堂々と提出しているほどである。

そのように天皇批判を隠さない親房が、岡野氏が推測するような理由で真相を記すことをためらうとは筆者には到底思えないのである。

以上の考察から、陸奥将軍府設置に関して、護良の関与は皆無とは言えないまでも、さほど重要ではなかったと筆者は結論づけたい。となれば、護良と廉子の連携も、もちろん完全に絶交していたわけはないであろうがあまり高くは評価はできないのである。少なくとも、尊氏—廉子の連携と比較すると温度差が存在したことは否めないであろう。ちなみに『保暦間記』の記述は、後醍醐と護良の対立や北畠父子の建武新政批判が表面化した後に施された結果論的解釈であるように思われる。

政治構想の相違

第二の、より本質的な理由として、後醍醐と護良の政治構想の相違が挙げられる。

後醍醐天皇は当然ながら天皇親政を理想とし、これを目指していた。後醍醐は、政務のすべてをただ彼一人で、当時の天皇が発給する最高の形式の文書であった綸旨《りんじ》で決裁しようとしていた。とする説が存在する。この政治理念は学界では「綸旨万能主義」と呼ばれ、これを主張する見解は長らく定説の地位にあった。

そして建武政権の歴史は、この綸旨万能主義が徐々に後退していった過程であるとされてきた。すなわち、雑訴決断所や陸奥・鎌倉両将軍府の設置は、後醍醐が大量の綸旨を発給したことで新政が混乱したために、政権内部の抵抗勢力がそれに対処し、天皇の暴走を抑制する目的で行われたと解釈されていたのである。

近年はこの説もかなり批判され、「相対化」されてきている。筆者も先年刊行した著書で批判した。考えてみれば、すべての業務を後醍醐がただ一人でこなし、すべての命令を綸旨だけで発することなどそもそも不可能であるし、後醍醐自身もそれを意図していたとは考えられない。

天皇親政とはそのような理念ではなく、建武政権の統治組織や制度を整備・拡充して、信頼できる部下にそれらの権限を委任し、天皇の意志を合理的かつ迅速に実現することであった。雑訴決断所や地方統治機関の設置および後述する綸旨の執行システムも、天皇親政を妨害するのではなく、むしろそれを補完する目的を有していた。近年は、それらの制度もそういった文脈で再評価されてきている。加えて、建武政権の組織が鎌倉後期の朝廷の政務機構を基礎としていたことも解明されている。

だが、綸旨万能か否か、あるいは建武新政がどの程度後醍醐の独創であったかの問題はともかくとして、後醍醐が天皇を中心とした政治を志向していた事実は動かないであろう。

ちなみに、後醍醐の政権構想が中国宋《そう》の君主独裁体制をお手本としていたとするのも、佐藤氏以来の定説である。

対して護良親王は、幕府にかなり近い政体を想定していたらしい。前述したように、鎌倉幕府滅亡後も、彼は討幕戦のために組織した武士団を解散しなかった。それどころか征夷大将軍の地位に執着し、令旨《りょうじ》を多数発して自己の軍事力を一層強化しようとした。

そもそも護良は、実は元弘三年五月の六波羅探題滅亡の時点ですでに将軍を自称していた。前述の翌六月の将軍補任は、帰京せずに尊氏を一方的に敵視する彼をなだめるために、後醍醐がこれを追認したものにすぎなかったのである。

将軍の地位も令旨の発給も武士団の組織も、護良の主観ではもちろん建武政権の軍事力を強化し、後醍醐天皇を守護するためであったろう。しかし彼の意図はどうあれ、これが後醍醐の政治理念と衝突することは明白である。後醍醐の政策は、もちろん軍事力も天皇である自分が掌握し、軍事指揮権を独占する方針であった。

もっとも、これに関しては足利尊氏も護良と同様の構想を持っていたと考えられる。ただ、尊氏が廉子に接近するなどしてその野望を上手に隠していたのに対し、護良は正直に表に出しすぎたとは言えると思う。だから後醍醐と尊氏の対立は、後に中先代《なかせんだい》の乱《らん》が勃発

2　護良親王が幽閉されていた土蔵
元は東光寺にあり，明治維新後，その跡地に鎌倉宮が造営された.

するまで表面化するのが若干遅れたのであるし、これも多分に偶然の要素が強いのではないだろうか。

護良の配流と死

建武政権内における足利尊氏と護良親王の内部対立は、実は本質的には後醍醐天皇と護良の対立であった。それは両者の政治路線の衝突であった。政策的には幕府政体を志向する尊氏と護良はむしろ同じ立場であり、護良の路線は天皇親政を目指す後醍醐天皇との隔たりの方がはるかに大きかったのである。

配流先の鎌倉で、二階堂《にかいどう》の薬師堂《やくしどう》の谷にある土蔵に幽閉された護良は、こう独り言を述べたという。

『梅松論』

武家よりも君のうらめしくわたらせ給ふ

（大意）足利尊氏よりも父の後醍醐帝をうらめしく思いながらときを過ごしている何と護良は、尊氏よりも後醍醐をより恨んでいたというのである。

この発言の典拠も『梅松論』である。真偽は定かではない。また、護良による尊氏邸襲撃計画の黒幕であったにもかかわらず、後醍醐が護良に罪をなすりつけて処罰したことを非難する文脈で語る言葉である。

しかしこれは、おそらくは『梅松論』の作者が意図しなかったであろう部分で、この対立の本質を的確に突いた発言であると筆者は思うのである。政策的に意見の近い者よりも相容れない者の方が憎いのは当然であろう。

ところで、逮捕された護良は、今述べたように流罪に処された。彼の身柄は尊氏に渡され、尊氏から鎌倉の直義の許に送られ、二階堂に監禁された。そして、後に中先代の乱の混乱に紛れて直義に暗殺されるのである。まさに非業の最期といえよう。

しかし、護良の子どもたちは生き残り、南朝内部の反主流派として内紛の火だねとなり続けるのである。それについてはまた後述しよう。

大覚寺統内部の皇位継承争い——後醍醐天皇 対 康仁親王

両統迭立

南北朝時代の通史を語る際には、どうしても鎌倉時代中期から始まる皇統の分裂を説明しなければならない。これが非常に複雑でややこしいのであるが、本節で紹介する木寺宮家《きでらのみやけ》を理解する上でもこの知識は必須である。なので話は鎌倉時代に遡るが、しばらく我慢して読んでいただきたい。

八八代後嵯峨《ごさが》天皇には、久仁《ひさひと》親王と恒仁《つねひと》親王という二人の皇子がいた。久仁は八九代後《ご》深草《ふかくさ》天皇、恒仁は九〇代亀山《かめやま》天皇となった。ちなみに彼らの兄の宗尊《むねたか》親王は、鎌倉幕府六代将軍である。

しかし、文永九年（一二七二）、亀山天皇の治世時に、後嵯峨上皇が後継者を決めないまま崩御したので、この後どちらの系統が皇位を継承するかで争いが起こった。九一代は後宇多《ごうだ》天皇（亀山皇子）が継いだが、九二代は伏見《ふしみ》天皇（後深草皇子）が即位した。九三代は後伏見《ごふしみ》天皇（伏見皇子）が皇位に就いたが、九四代は後二条《ごにじょう》天皇（後宇多皇子）、つまりふたたび亀山系統からの即位である。九五代は花園《はなぞの》天皇（後伏見弟）で、後深草系統からの登板である。

このような、分裂した二つの王朝から交互に君主が即位する特異な政治形態を「両統《りょうとう》迭立《てつりつ》」という。特に鎌倉時代後期の日本の皇室における両統迭立は、皇位交代ごとに鎌倉幕府の意向も大きく影響し、両系統の政治力が拮抗してまるで現代の二大政党のように皇位を争奪し合った。そのため対立は長期間にわたり、一方に安定して皇位が継承されることはなかった。兄の後深草系統が持明院統《じみょういんとう》＝後の北朝であり、弟の亀山系統が大覚寺統《だいかくじとう》＝後の南朝である。

文保の和談

この争いの裁定は鎌倉幕府に持ち込まれ、結局双方の系統から交互に天皇が即位する解決策で収まった。要するに両統迭立を固定化・永続化させる決定である。この裁定は文保元年（一三一七）に行われたので、「文保《ぶんぽう》の和談《わだん》」と呼ぶ。

しかし近年の学説では、実はこのときは合意に達していなかったとする見解が有力だそ

3　皇室略系図

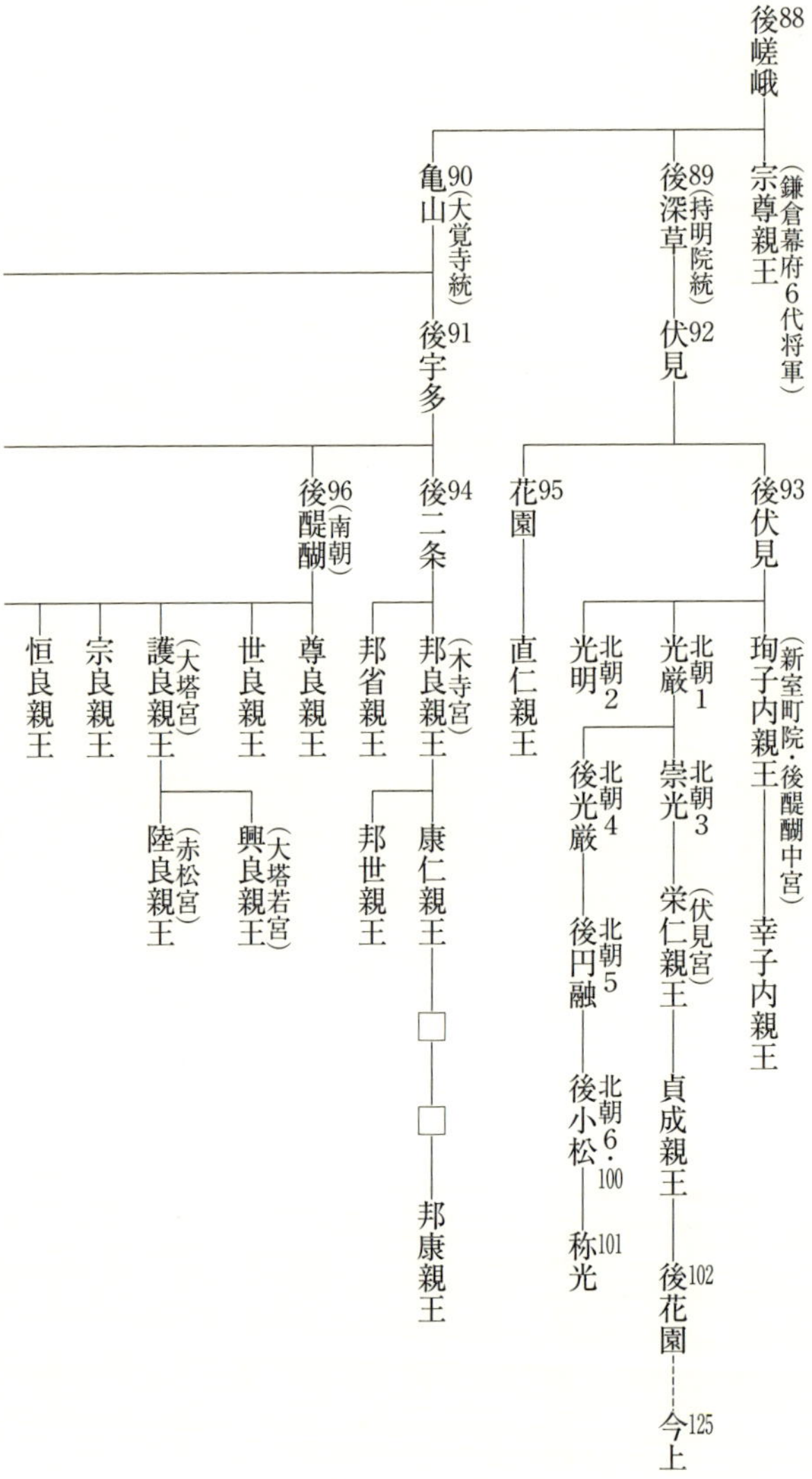
88 後嵯峨
宗尊親王（鎌倉幕府6代将軍）
89 後深草（持明院統）
90 亀山（大覚寺統）
92 伏見
91 後宇多
93 後伏見
95 花園
94 後二条
96 後醍醐（南朝）
珣子内親王（新室町院・後醍醐中宮）
北朝1 光厳
北朝2 光明
直仁親王
邦良親王（木寺宮）
邦省親王
尊良親王
世良親王
護良親王（大塔宮）
宗良親王
恒良親王
幸子内親王
北朝3 崇光
北朝4 後光厳
康仁親王
邦世親王
興良親王（大塔若宮）
陸良親王（赤松宮）
栄仁親王（伏見宮）
北朝5 後円融
貞成親王
北朝6・100 後小松
邦康親王
101 称光
102 後花園
125 今上

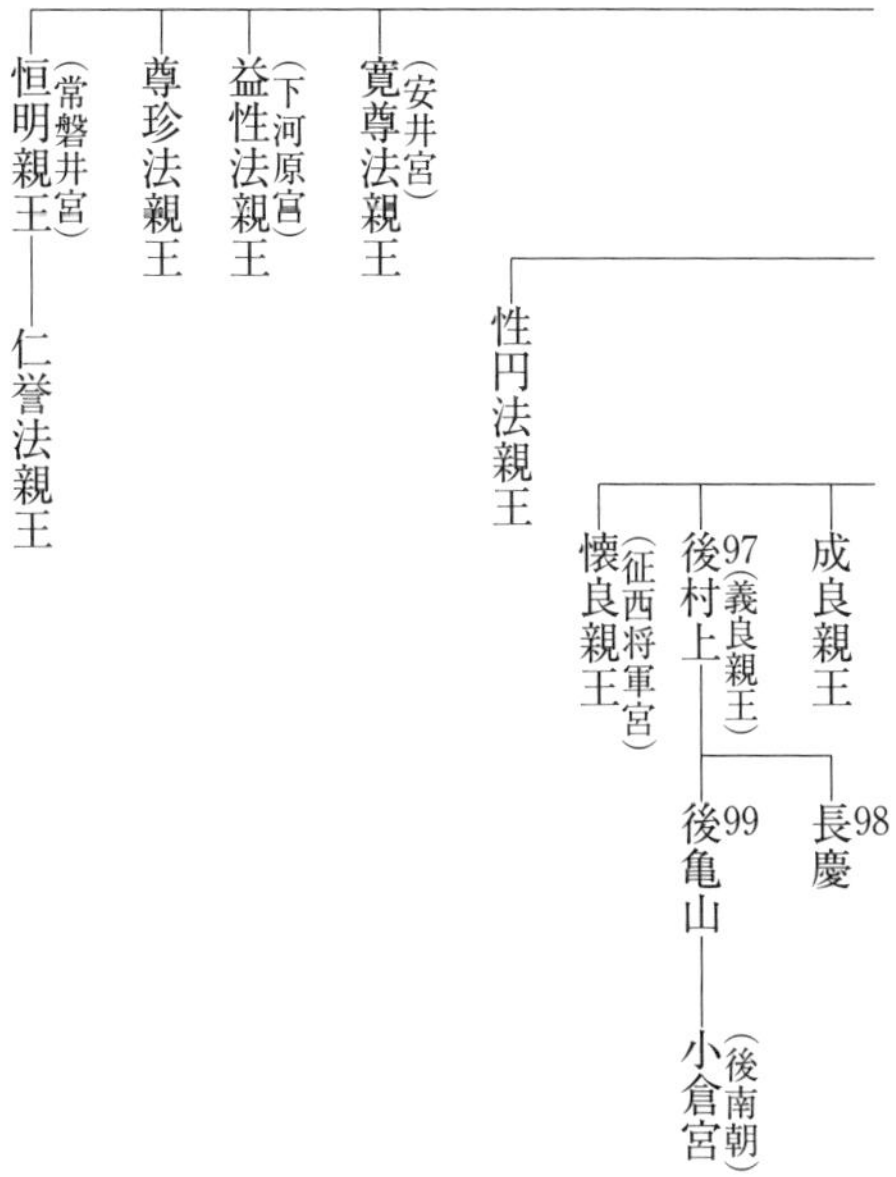

うである。というより、持明院統から皇位を奪回するために後宇多上皇が仕組んだ謀略というのが実態だったらしい。いずれにせよ、「和談」と呼ぶにはほど遠い状況であった。しかし、細かい論点をめぐって複雑な議論が展開されており、本書の趣旨からもそれるので詳細については割愛する。ともかく、事実としては、以降もしばらく迭立を維持する努力が続けられたことは確かである。

両統迭立は、一見現実的な政策に見えながら問題を含んでいた。まず、世代を経るごとに両統が血統的に疎遠になっていくことである。三世代も下れば、感覚的にはもうほとんど赤の他人なのではないだろうか。しかしより深刻な問題は、それぞれの系統でまた皇統の分裂が起こり、皇位争奪がますます複雑化・激化する懸念である。そしてこの内訌は、持明院統よりも大覚寺統の方がはるかに深刻であった。

叔父天皇と甥皇太子の不和

ともかく、この文保の和談によって文保二年に持明院統の花園天皇が退位し、いよいよ大覚寺統から尊治《たかはる》親王が即位した。これこそ、本書の主人公の一人である九六代後醍醐《ごだいご》天皇である。

しかし、彼は後二条天皇の弟であった。つまり、後二条皇子の邦良《くによし》親王が大覚寺統の嫡流なので本来は彼が即位するべきであるところ、邦良がまだ幼少でしかも病弱なので代わりに即位したのである。

なので後醍醐の皇太子には、当初は甥の邦良がなった。要するに、後醍醐天皇が大覚寺統の中でも傍流にすぎず、邦良が成長するまでの代理の帝王にすぎないという意味である。

しかし後醍醐のように専制的な性格の人間が、中継ぎの地位に満足するわけがない。後醍醐と邦良は、同じ大覚寺統に属し、しかも叔父—甥の関係にありながら、その仲は良好

4　邦良親王墓（京都市左京区北白川追分町）
父後二条天皇の北白河陵と同じ敷地内にある．

ではなかったようである。当時、持明院統の花園上皇も、日記に天皇と皇太子の不和について記しているほどである（『花園天皇宸記《しんき》』元亨四年〈一三二四〉六月二五日条）。

嘉暦元年（一三二六）、邦良親王は皇位に就かないまま、二六歳の若さで死去した。後醍醐は、後任の皇太子に自分の皇子である尊良《たかよし》親王を推薦したが、鎌倉幕府の意向で却下された。結局新しい皇太子には、持明院統から量仁《かずひと》親王（後伏見皇子）が就任した。幕府は両統迭立政策を忠実に履行しようとしたのである。

このように、黙って何もしなければいずれ退位に追い込まれ、自分の子孫が天皇になれないことも、後醍醐が鎌倉幕府打倒を決意した大きな原因であるとされている。
元弘《げんこう》の変《へん》が起こると、後醍醐は強制的に退位させられ、隠岐島《おきのしま》に流される。そして鎌倉幕府は、当初の予定どおり量仁親王を即位させた。

木寺宮康仁親王

彼が北朝初代の光厳《こうごん》天皇である。光厳の皇太子には、大覚寺統の邦良嫡子康仁《やすひと》親王が擁立された。鎌倉幕府は最後まで両統迭立にこだわったのである。

しかし、鎌倉幕府を滅ぼして隠岐から帰京し、建武《けんむ》の新政《しんせい》を始めた後醍醐は、もちろん光厳天皇の即位を否定する。一応敬意を払って上皇待遇とはしたが、即位していた事実自体が否定されたのである。

康仁親王の立太子《りったいし》も当然廃された。代わりに皇太子となったのは、前述したように後醍醐が愛する阿野廉子《あのれんし》が産んだ恒良《つねよし》親王である。ここに後醍醐は両統迭立を完全に否定し、今後は自分の子孫だけに皇位を継承させることを、その行動をもって高らかに宣言したのである。

さらに後醍醐は康仁の親王号まで剝奪した。康仁王に格下げしたのである。両統迭立だけではなく、大覚寺統の嫡流をも否定する行為である。つまり、自分の系統だけが唯一皇位継承権を持つことを主張したのである。

後醍醐は、持明院統に対しては、光厳を上皇待遇としたり、次節で詳述するように光厳の同母姉である珣子《じゅんし》内親王を中宮とするなど、政治的打算はもちろんあったにせよ実は意外に厚遇している。それらと比較して、護良《もりよし》といい康仁といい、後醍醐の仕打ちはむしろ血統が近い皇族に対して厳しい。近親憎悪のなせる業なのであろうか。

当然、この措置を康仁王が快く思うはずがない。持明院統はともかくとして、そもそも亀山—後宇多—後二条—邦良—康仁と続く自分の皇統の方が大覚寺統の嫡流だったはずなのである。後二条天皇に始まるこの系統を「木寺宮家《きでらのみやけ》」という。

というわけで、後に室町幕府が発足し、幕府が北朝を擁立し、後醍醐天皇が大和《やまと》国吉野に逃亡して南朝を発足させた際も、康仁王はこれに同行せずに京都にとどまったのである。もはや康仁が皇位に就ける見通しはなかったであろうし、実際木寺宮家から天皇が出ることはなかった。が、それでも大叔父後醍醐と一緒に吉野に落ちるよりははるかにましだったのであろう。康仁は、この後観応《かんのう》の擾乱《じょうらん》頃まで生きている。

ちなみに木寺宮家は室町中期まで存続した。延文二年（一三五七）に弟の邦世《くによ》、享徳《きょうとく》四年（一四五五）に曽孫の邦康《くにやす》が親王宣下《せんげ》を受けた事実が知られる（それぞれ『園太暦《えんたいりゃく》』延文二年七月二八日条・九月九日条、『宗賢卿記《むねかたきょうき》』享徳四年二月二八日条など）。

恒明親王と邦省親王

さらに看過できないのは、大覚寺統内部で後醍醐天皇と皇位を争った皇族は、実は康仁だけではないことである。

まずは常盤井宮《ときわいのみや》恒明《つねあきら》《つねあき》親王である。嘉元元年（一三〇三）、亀山上皇が出家して法皇となった後に生まれた、亀山最晩年の皇子である。後醍醐天皇の叔父にあたるが、この甥よりも一五歳も年下である。それどころか、亀山曽孫の邦良親王よりも三歳年下であった。

亀山はこの末子を溺愛し、皇位を継がせようとした。ときに後二条天皇の治世である。つまり、自分の嫡孫が皇位に就いているのに、亀山はそれをひっくり返して末っ子を強引に即位させようとしたのである。

そこで嘉元三年、亀山法皇は嫡子後宇多上皇と甥の持明院統伏見上皇に、恒明を将来的に皇太子とすることを無理矢理認めさせた。具体的には、当時すでに後二条の皇太子とされていた持明院統の花園の次にということであろう。彼らが内心で亀山の専横に不満を抱いていたのはもちろんである。

そのため同年亀山が崩御すると、後宇多はこの約束をすぐに反故とした。大覚寺統では、甥後二条派と叔父恒明派の対立が表面化した。ちなみに後二条崩御後は、花園が予定どおり、前述したように天皇に即位した。

恒明は、後醍醐天皇の最初の皇太子である邦良が死去したときも、彼を支持する勢力によって後任の皇太子に推薦されている。しかしこれも却下され、前述のように持明院統の量仁が皇太子となった。

後年の南北両朝の分裂に際しては、康仁と同様、恒明も後醍醐の吉野臨幸《りんこう》には同行せず、京都にとどまっている。ちなみに彼も観応の擾乱頃まで生存した。

また、邦省《くにみ》親王という人物もいる。この人は後二条天皇の皇子で、邦良親王の弟である。ということは、後醍醐よりも大覚寺統嫡流に近い皇族である。彼もまた、兄の邦良が死去したとき、尊良や恒明・量仁らに対抗して後任の後醍醐皇太子に名乗りを上げている。彼も後醍醐には従わずに京都に残った。

貞和四年（一三四八）に北朝の光明《こうみょう》天皇（光厳弟）が崇光《すこう》天皇（光厳嫡子）に譲位したとき、またまた邦省は皇太子に立候補したが、足利直義《あしかがただよし》の腹心上杉重能《うえすぎしげよし》の謀略によって阻止された。ちなみにこのとき皇太子に擁立されたのは、花園法皇嫡子直仁《なおひと》親王（光厳・光明兄弟の従兄弟）であった。邦省は永和元年（一三七五）まで存命であった。ときに三代将軍足利義満《よしみつ》の時代である。

結局、以上見てきたように、大覚寺統皇族の中で南朝に属したのは、実は大半が後醍醐天皇の子孫だけであった。しかもそれは本来同統の嫡流ではなく傍流だったのである。大覚寺統は、嫡流の亀山—後宇多—後二条—邦良—康仁系、邦良弟の邦省系、亀山末子の恒明系、そして後二条弟の後醍醐系と四系統に分裂し、持明院統も巻き込んで複雑怪奇な離合集散を繰り返しながら四つどもえの争いを演じていた。このように、大覚寺統の皇族さえ一枚岩ではなく、深刻な対立を内在させていたことは記憶にとどめてよいと思われる。

大覚寺門跡性円法親王

ただし、大覚寺統内の非後醍醐系でも、後醍醐に同調して南朝に与した皇族も存在した。それは、後宇多皇子で後醍醐同母弟の大覚寺門跡《もんぜき》、すなわち同寺の住職であった性円法親王《しょうえんほっしんのう》という僧侶である。坂口太郎氏の研究によれば、大覚寺は後宇多以来強固な宗教的権威を保ち、莫大な荘園や軍事力も保有しており、性円は兄の後醍醐帝を宗教面・経済面・軍事面で強力に支えた。後醍醐の吉野臨幸にも同行している。

大田壮一郎氏によれば、性円が吉野に向かった後、大覚寺門跡には安井宮寛尊法親王《やすいのみやかんそん》が就任し、彼の許で大覚寺は親室町幕府の寺院へと変貌していった。寛尊は亀山の皇子である。ここにも後醍醐に従わない大覚寺統の皇族が存在した。

だが唯一の例外と言っていいであろうこの性円でさえ、実はこれまた室町幕府派の大覚寺統皇族の下河原宮《しもがわらのみや》益性《やくしょう》法親王（亀山皇子）と親しく、益性の代理として幕府のために石清水八幡宮寺で修法《しゅほう》を行っている（『仁王経法日記《にんのうぎょうのほうにっき》并《ならびに》請雨経法日記《しょううきょうのほうにっき》』）。貞和三年（一三四七）には、吉野ではなく京都の清水坂《きよみずざか》で死去している（『師守記《もろもりき》』同年三月七日条頭書）。どうも晩年の性円は南朝と不和となり、幕府に接近していた形跡が窺えるのである。

なお、恒明親王の子息である仁誉《にんよ》法親王は、南朝の護持僧《ごじそう》を務めていた形跡がある。後醍醐系と恒明系は政治的には対立していたが、それを離れた宗教の世界では交流があったらしいことは興味深い。

幻の鎌倉幕府再興計画——後醍醐天皇 対 西園寺公宗

建武政権転覆計画

建武《けんむ》政権は、わずか三年足らずで滅亡した超短命政権である。当然、反乱や不協和音も絶えなかった。護良《もりよし》親王と足利尊氏《あしかがたかうじ》、後醍醐《ごだいご》天皇と康仁《やすひと》親王の対立についてはすでに紹介した。その他、地方でも反乱が続発していた。その多くは、北条《ほうじょう》氏の残党が関与していた。

それでも、元弘三年（一三三三）・建武元年（一三三四）の二年間は何とか無事に終えることができた。しかし、建武二年になると各地の反乱は増加傾向を示す。

そして同年六月、ついに建武政権のお膝元の京都でクーデタ計画が発覚した。首謀者は権大納言《ごんのだいなごん》西園寺公宗《さいおんじきんむね》である。持明院統《じみょういんとう》の後伏見法皇《ごふしみほうおう》を担ぎ出して、政権転覆をはかったというのである。

『太平記《たいへいき》』巻第一三によれば、鎌倉幕府最後の得宗《とくそう》北条高時《たかとき》の弟で、元弘の戦乱を生き残った泰家《やすいえ》が、京都に潜入して公宗にかくわまれ、時興《ときおき》と改名した。この北条時興が京都の大将として、当時信濃《しなの》国に潜伏していた高時の遺児時行《ときゆき》（関東の大将）および北陸にいた北条一門の名越時兼《なごえときかね》（北国の大将）と呼応して同時に挙兵する計画であったという。

さらに公宗は後醍醐天皇の暗殺もはかった。紅葉観賞を名目に後醍醐を西園寺家の別荘である北山山荘《きたやまさんそう》（後に足利義満《よしみつ》が自身の政庁北山殿《きたやまどの》を構えた場所。現在の鹿苑寺《ろくおんじ》。通称金閣寺）に招いて、湯殿の脱衣場の床板を踏むと外れるように細工を施し、軒下に刀を並べて、入浴する天皇を落として刺し殺そうしたというのである。

クーデタ成功後は、ふたたび北条氏が天下を獲り、持明院統皇族が天皇位に就く。そして公宗は朝廷の執政者に収まる。要するに、鎌倉時代の国家体制に戻そうというわけである。

西園寺公宗の逮捕・処刑

陰謀を知った後醍醐天皇は、六月一七日に後伏見法皇を持明院殿《じみょういんどの》から京極殿《きょうごくどの》に移した（『匡遠記《ただとおき》』建武二年六月一九日条）。二二日には公宗ら陰謀の関係者を逮捕した。この逮捕劇には楠木《くすのき》正成《まさしげ》や高師直《こうのもろなお》も追っ手

5　鹿苑寺金閣

もとは西園寺家の別荘「北山山荘」で，公宗が後醍醐天皇の暗殺を謀った舞台である．

として参加し、建仁寺前に向かった（同記同日条）。その後、公宗を出雲《いずも》国へ流罪に処することが決定された。

ちなみに陰謀を密告したのは、公宗の弟公重《きんしげ》であった。公重はその功として西園寺家の家督《かとく》を相続し、新政開始後没収されていた同家の知行国《ちぎようこく》伊予《いよ》も返還してもらった。

公宗は、実際には八月に京都で処刑された。公宗の身柄を預かっていた中院定平《なかのいんさだひら》が後醍醐の寵臣名和長年《なわながとし》に「早く（配所出雲に連れて行け）」と命じたのを、長年が

「早く殺せ」の意味だと勘違いして公宗の妻の面前で斬殺したという。衝撃的な最期である。当時、太政官《だいじょうかん》の官僚を代々務めていた小槻匡遠《おづきのただとお》が記した日記『匡遠記』は、この事件の経過を記す唯一の一次史料である。この日記に、事件に関与した者たちの氏名を列挙し、罪名決定を命じる宣旨《せんじ》（太政官の命令）が引用されている。紹介しよう（以後、引用史料はすべて読み下し文に改めている）。

『匡遠記』建武二年（一三三五）六月二六日条所掲宣旨写

権大納言藤原朝臣《ふじわらのあそん》公宗・左近衛権中将《さこのえごんのちゅうじょう》藤原朝臣俊季《としすえ》・左衛門佐《さえもんのすけ》藤原朝臣氏光《うじみつ》・文衡《ぶんひら》法師・散位中原朝臣《さんになかはらのあそん》清景《きよかげ》等、太上《だいじょう》天皇の旨を奉り、謀りて国家を危うくせんとす、宜しく明法博士《みょうぼうはかせ》等に仰せて、所当の罪名を勘申すべし、

蔵人右少弁《くろうどうしょうべん》藤原範国《のりくに》　奉《うけたまわる》

（大意）権大納言西園寺公宗・左近衛権中将橋本俊季・左衛門佐日野氏光・三善文衡法師・散位中原朝臣清景は、後伏見法皇のご意向をたてまつって、謀略をめぐらせて国家を危機に陥れようとしました。つきましては明法博士に命じて、適切な罪名を上申しなさい。

蔵人右少弁岡崎範国奉

この史料から、西園寺公宗のほかには、橋本俊季・日野氏光・三善文衡・中原清景が陰謀に加担した事実が知られる。また、同日付の宣旨がもう一通引用されており、それによれば、日野資名《ひのすけな》が子息氏光の陰謀を知りながら通報しなかったので同罪に処すとある。

匡遠は朝廷の実務に携わっていたため、事件のあらましを知ることのできる立場にあった。その彼がこうして書き記してくれたおかげで、現代の我々は、西園寺公宗謀反計画が『太平記』の創作ではなく実際に存在したことを知ることができるのである。

立派な家柄を誇る公卿で、権大納言の要職を務める政権幹部が起こしたクーデタ未遂であるから、これは立派な内紛であると言えよう。

関東申次西園寺家

西園寺公宗は、どうしてこんな無謀で大それた計画を立てたのであろうか。それを理解するためには、西園寺家を知る必要がある。近代には西園寺公望《きんもち》という著名な元老を出した家であるが、前近代の西園寺家については一般の方々はあまりなじみがないのではないだろうか。

西園寺家は、藤原北家閑院流《ほっけかんいんりゅう》である。公家社会のランキングでは、精華家《せいがけ》という摂関《せっかん》家《け》の次に位置する家格に属していた。鎌倉幕府が登場すると親幕府派の公卿となった。承久の乱《じょうきゅうらん》では、西園寺公経《きんつね》が京都の情勢を詳しく鎌倉に通報することで幕府軍の勝利に貢献した。この功績で公経は太政大臣《だいじょうだいじん》に昇進した。以降も西園寺家は、代々天皇の外戚として太政大臣を務めた。

また、朝廷と幕府の交渉を務める関東申次《かんとうもうしつぎ》なる役職も世襲し、摂関家をもしのぐ権勢を誇った。要するに西園寺家とは、鎌倉幕府と密着することによって強大な権力を維持していた家なのである。

また西園寺家は、朝廷内ではどちらかと言えば持明院統と密接な関係を有していた。もちろん血縁関係も濃厚で、公宗は光厳《こうごん》・光明《こうみょう》天皇兄弟とは従兄弟の関係にあった。政治的にも彼は鎌倉末期、量仁《かずひと》親王（後の光厳）が後醍醐の皇太子となったとき、量仁の春宮《とうぐうの》大夫《だいぶ》を務めている。元弘の変に際しても、六波羅探題《ろくはらたんだい》に一時避難した後伏見・量仁に付き従った従者の一人に挙げられている。

加えて西園寺公宗は、元弘の変のとき、六波羅探題北条時益《ときます》邸において、逮捕された後醍醐帝の取り調べを行ったり、関東申次として後醍醐の陰謀に加担した者たちの処分決定に関与している。また、後醍醐皇子たち（阿野廉子《あのれんし》所生の恒良《つねよし》・成良《なりよし》・義良《のりよし》）の身柄を預かったりもしている。

親政を標榜し、鎌倉幕府打倒を目指す天皇が実際に打倒に成功して天下を獲ると、このような公家がどうなるかは容易に想像がつくであろう。西園寺公宗は、己の権力の源泉であった関東申次の地位を失った。幕府が存在しないのだから、こんな役職がいらなくなったのも当たり前ではあるが。また、前述したように四代にわたって相伝してきた知行国伊予も没収された。朝廷の役職も権大納言どまり。鎌倉期に太政大臣を輩出していた公家としては不遇なあつかいであろう。つまり、西園寺家はかつての勢威を失い、どんどん衰えていたのである。じり貧になった公宗が、鎌倉幕府体制の復活を目指して政権転覆の陰謀を企てたとしても不思議ではない。

新室町院珣子内親王

ところが最近、このような西園寺事件に関する定説的見解を修正、もしくは否定する新説が発表されている。せっかくなので紹介したい。

まずは新室町院《しんむろまちいん》珣子《しゅんし》内親王に関する三浦龍昭氏の研究である。珣子内親王の父は後伏見法皇、母は西園寺寧子《ねいし》（広義門院《こうぎもんいん》）。北朝の光厳天皇・光明天皇兄弟の同母姉である。件の西園寺公宗は彼女の従兄弟にあたる。言わば、持明院統（＝北朝）の中枢に位置し、しかも西園寺の血を濃厚にひいていた皇女である。

この珣子が、建武の新政開始直後に後醍醐天皇の中宮《ちゅうぐう》として立后《りつごう》されたのである。これは、後醍醐天皇による持明院統への懐柔策と三浦氏に評価されている。

しかも珣子はすぐに懐妊した。後醍醐は珣子が無事に出産することを願い、祈禱《きとう》を熱心に行った。その数は何と六六回。同時期、他の皇族の出産に関する祈禱回数と比較しても断トツに多いそうである。これらの祈禱には、光厳上皇や西園寺公宗も積極的に参加している。

もし珣子が皇子を出産し、その皇子が皇位に就くことになれば、親族の西園寺家が復権し、かつての栄光を取り戻す可能性は高い。前節でも述べたように、当時、皇太子は阿野廉子が産んだ恒良親王とされていた。しかし、中宮が皇子を産んだとなれば、それも覆る可能性がある。それはそれでまた紆余曲折が予想され、新たな「両統迭立《りょうとうてつりつ》」を生み出す展開となったかもしれないが、無理をして天皇暗殺を企てるよりは成算があったであろう。

ともかく、珣子は西園寺家の希望の星であったのである。つまり、西園寺公宗は、後醍醐の持明院統懐柔政策もあって、少なくとも当初は政権転覆など企てておらず、新政をむしろ積極的に支持していたことになる。

しかし、珣子が出産したのは皇女であった（幸子《こうし》内親王）。ここに西園寺家復権の望みは絶たれた。公宗の陰謀計画が発覚するのは、皇女出産からわずか三ヵ月後のことである。

協調路線どころか、西園寺と北条の連携を否定し、否、そもそも公宗の謀反計画自体が存在せず、後醍醐によって無実の罪を着せられて粛正されたとする見解もある。

公宗無実説の検討

橋本芳和氏は、公宗謀反事件の詳細が一次史料である『匡遠記』のほかには『太平記』にしか記されていないこと、鎌倉末期の幕府内部の権力抗争である嘉暦騒動《かりゃくそうどう》の影響から北条泰家が兄高時—甥時行系とは一線を画していたと考えられること、公宗が新政以前の権大納言の地位を維持し、護良失脚後に後任の兵部卿《ひょうぶきょう》に任命されるなど後醍醐に厚遇されていること、『太平記』に記されているクーデタ計画があまりに杜撰であること、事件の処分者もごく少数にとどまることなどを根拠にそう主張する。

先の三浦氏との研究成果とも併せると興味深い説であると言えよう。しかし、本書でもこの後何度も言及するように、政敵同士が政情の変化によって味方となることなど、歴史的に普遍に存在する現象である。泰家の独自路線など推測の域を出ない。また、厚遇されていても裏切る者は裏切る。足利尊氏などはその最たる例であろう。計画の杜撰さなら後醍醐の正中《しょうちゅう》の変《へん》や元弘の変だって負けず劣らずであった。また、陰謀というのはそもそも少数の信頼できる人間の間だけで企てるものなのではないか。

確かにこの事件は、史料が少なく謎が多い。『太平記』特有の誇張もあろう。しかし、だからと言って『太平記』の記述を完全に否定することも無理が多いと判断せざるを得ない。少なくとも、橋本氏自身も認めるように、西園寺公宗が北条泰家をかくまったことと、公宗が謀反の罪で処刑されたことは厳然たる事実なのである。

何より、同じく氏自身も認めるように、西園寺公宗が建武政権の異分子であり、この事件が政権内部で鳴っていた不協和音の現れであったことは確実である。後醍醐の懐柔政策にもかかわらず、持明院統やそれを支持する公家たちが建武政権に不満を持っていたとする森茂暁氏の見解は不動であろう。

さらに現実として、この事件とほぼ同時に北条高時の遺児時行が東国で挙兵し、足利直《ただ》義《よし》軍を撃破して、一時は鎌倉を占領するほど強大な勢力となったことも確かである（中先《なかせん》代《だい》の乱《らん》）。この北条時行の反乱軍を撃破して鎌倉入りした足利尊氏自身が直後に反乱を起こし、建武政権を倒壊に導いたのも周知の事実であろう。西園寺事件は、結果的にせよ建武政権崩壊の幕開けとなったという意味で重要だと思う。

建武政権最大にして最後の内紛――足利尊氏対後醍醐天皇

建武政権の後継者・室町幕府

建武二年（一三三五）末の足利尊氏《あしかがたかうじ》の挙兵から翌三年に至る室町幕府の樹立過程は数多の歴史書に詳細に記述されており、ご存じの方も多いであろう。戦争の原因も後醍醐《ごだいご》天皇と尊氏の政治構想の相違、つまり天皇親政か幕府再興かをめぐる争いであった。よって詳細は割愛する。

本書が注目するのは、足利尊氏のこの戦争、いわゆる建武の戦乱の、建武政権の内紛としての側面である。こうした視点は、今まではほとんど持たれていなかったのではないだろうか。

結論を先に言えば、足利尊氏は自分こそが建武政権の政治理念や政策の正統な後継者であると自認していた。それもただの建前ではなく、本音の部分でもかなりそう思っており、周囲にも積極的に宣伝して自己の正統性を主張していたのである。

6　足利尊氏像（等持院所蔵）

年号「建武」をめぐって

その形跡は多数残っている。まずはっきり窺えるのは、年号をめぐる経緯である。

建武三年二月二九日、建武政権は、その名称の由来であり、その象徴である年号「建武」を「延元」に改元した。言うまでもなく、足利尊氏の挙兵がその理由である。

そもそも「建武」は、当時からもはるかに遡るおよそ一三〇〇年前の西暦二五年、しかも異国である中国で光武《こうぶ》帝が王莽《おうもう》を滅ぼして、漢《かん》王朝を再興したときの年号である。

中国の年号を採用するのは先例と異なる上（漢籍からよい字を選ぶのが普通）、「武」という物騒な文字が含まれるため、建武改元のとき公家たちは猛反対したらしい。そして彼らの心配どおり、やはり戦乱が起こった。なのでふたたび改元したわけである。

尊氏はその建武をそのまま使い続けたのである。反乱を起こした者が時の政権の改元を認めず、それまでの年号を使用し続ける現象自体は、日本史ではほかにもいくつか事例がある。また反乱者が前年号を使い続けるのは、戦況が劣勢だったり、周囲に改元の専門家がいなかったりと、そもそも自分に新年号を制定する能力がないという消極的な理由であることも多い。

しかし、尊氏の場合はより積極的な理由であったらしい。というのも、建武三年八月に足利軍の勝利がほぼ確定し、北朝の光明《こうみよう》天皇が即位した段階、すなわち足利氏が十分に新年号を制定できる力を備えた段階で、正式に「建武」の復活が決定されているからである。新年号を制定しようと思えば可能なのに、敢えて建武を続行することを尊氏は選択したのである。

「武」の字が含まれるのは、武家政権にとってふさわしい年号だったため。室町幕府の建武採用は、従来はこのように説明されることが多かった。しかし、後醍醐天皇が新政開始を契機として改めた年号をもらうということは、我こそが建武新政の忠実な後継者であるというアピールの要素がより大きかったのではないだろうか。結局、北朝―室町幕府は、建武五年八月、「暦応」と改元するまでこの年号を使い続ける。

『建武式目』

次いで、『建武式目《しきもく》』の内容も看過できない。『建武式目』とは、建武三年一一月七日に制定された室町幕府の基本法典である。この式目に、室町幕府のスローガンとして、「義時《よしとき》・泰時《やすとき》父子の行状」とともに、「延喜・天暦の特化」も掲げられているのである。

「義時・泰時父子の行状」とは、もちろん、鎌倉幕府二代執権北条義時・三代泰時の政治に戻すという意味である。義時・泰時の執権政治期は、政治が非常に有効に機能した時代として、当時からすでに理想視されていた。あの南朝忠臣の北畠《きたばたけ》親房《ちかふさ》でさえ、著書『神皇正統記』でそれを認めざるを得なかったほどである。従って、鎌倉幕府の後継者を自認する室町幕府が執権政治の再興をスローガンに掲げるのは当然と言えよう。

問題は「延喜・天暦の特化」である。実はこれは建武政権のスローガンなのである。延喜・天暦とは平安時代の年号である。それぞれ醍醐《だいご》天皇・村上《むらかみ》天皇という偉大な天子が統治した平和な時代で、王朝の最盛期であったとする伝説が語り継がれていた。従ってこの時代を「延喜・天暦の治」ともいうが、後醍醐天皇はこの理想の時代への回帰を目指していたのである。あまりにも有名な話であるが、後醍醐が普通は死後におくられる天皇の諡《し》号《ごう》（おくり名）を生前に自ら「後醍醐」と定めたのもこの主張の現れである。

つまり尊氏は、延喜・天暦時代の復活という建武政権のスローガンを自分のものとして喧伝したのである。佐藤進一氏は、「何くわぬ顔で、これも採りこんでいる」「反対党のスローガンを吸収することによって、反対党の存在理由を失わせる現代政党のやり方とまさに同じ」とあまり好意的には評価していない。しかし、年号建武の継承といい、政権の理念の継承といい、これらはかなりの部分で本音が含まれていたと筆者は考えている。なぜなら近年の研究は、室町幕府が行った諸政策が、建武政権が新規に始めたものを継承したものが多いことを解明してきているからである。

執事施行状

室町幕府は、鎌倉幕府、特にその西国統治機関である六波羅探題《ろくはらたんだい》の組織や体制を継承したとするのが従来の定説である。それはもちろんそのとおりである。が、加えて建武政権のあり方もだいぶ手本にしているらしいことが判明してきたのである。それを詳細に説明するのは本書の趣旨ではないので省略するが、一例として筆者が研究した執事施行状《しつじしぎょうじょう》については簡単に紹介したい。

執事施行状とは、室町幕府において将軍の補佐役である執事が発給した文書である。当時将軍は、合戦で活躍した武士や幕府に味方した寺社に褒美として土地を与えていた。こうしたいわゆる恩賞充行《おんしょうあてがい》や所領寄進《しょりょうきしん》を行う際には、将軍は袖判下文《そではんくだしぶみ》や寄進状《きしんじょう》という形式の文書を発給した。執事はその後に褒美の土地がある国の守護《しゅご》に対して、下文や寄進状の内容どおりに、土地の元所有者の妨害を排除して、その土地を武士や寺社に渡すように命じる文書を出す場合があった。この強制執行を当時の史料用語で「沙汰付《さたしつけ》」とか「沙汰居《さたすえ》」といったが、この執事が下文や寄進状の沙汰付を命じた文書を執事施行状と呼ぶのである。

施行状は、言わば強制執行を命じる文書であった。守護の軍事力を借りることができるため、せっかく恩賞を拝領したのに自力では恩賞地を実効支配できない武士や寺社にとっては非常にありがたい文書であった。そのため、このシステムを構築したことが、室町幕府が内乱に勝利することができた理由の一つと考えられる。

執事施行状は、やがて執事が発展した役職である管領《かんれい》に継承され、管領施行状と呼ばれるようになった。三代将軍足利義満《よしみつ》—管領細川頼之《ほそかわよりゆき》の時代に、この制度が最終的に確立した。そして、この管領施行システムが応仁《おうにん》の乱《らん》に至るまでの室町幕府体制の基軸となるのである。

この執事施行状、鎌倉幕府にはこれに類したものは存在しなかった。厳密に言えば、鎌倉幕府にも西国に出された下文や下知状《げちじょう》には六波羅探題などによる施行状自体は存在したものの、それは充行《あてがい》や安堵《あんど》の事実を拝領者にただ伝達するだけのものであって、守護に強制執行を命じる機能は見られない。つまり鎌倉幕府の施行状は、室町幕府の施行状とは全然別種のものだったのである。

雑訴決断所による綸旨施行

執事施行状の直接の手本とされたのは、どうも建武政権で後醍醐天皇綸《りん》旨《じ》を執行した雑訴決断所《ざっそけつだんしょ》の文書であったらしい。雑訴決断所は、「牒《ちょう》」という形式の文書で綸旨の強制執行を命じる文書を出した。

当時は、例の二条河原落書《にじょうがわらのらくしょ》に「夜討《ようち》、強盗、謀綸旨《にせ》」と冒頭に掲げられて揶揄《やゆ》されるほど綸旨の偽物が大量に出回り、たとえ本物であっても相互矛盾する内容のものが多かった。そこで膨大な綸旨を整理し、正当な綸旨については雑訴決断所がその強制執行を諸国の国司《こくし》・守護に命じる体制に改革されたのであるが、この決断所牒の機能が後年の執事施行状にそっくりなのである。

せっかくなので、ここで当時の後醍醐天皇綸旨およびその執行を命じる雑訴決断所牒の一例を紹介しよう。綸旨も牒も、掲載写真と同じ文書である。

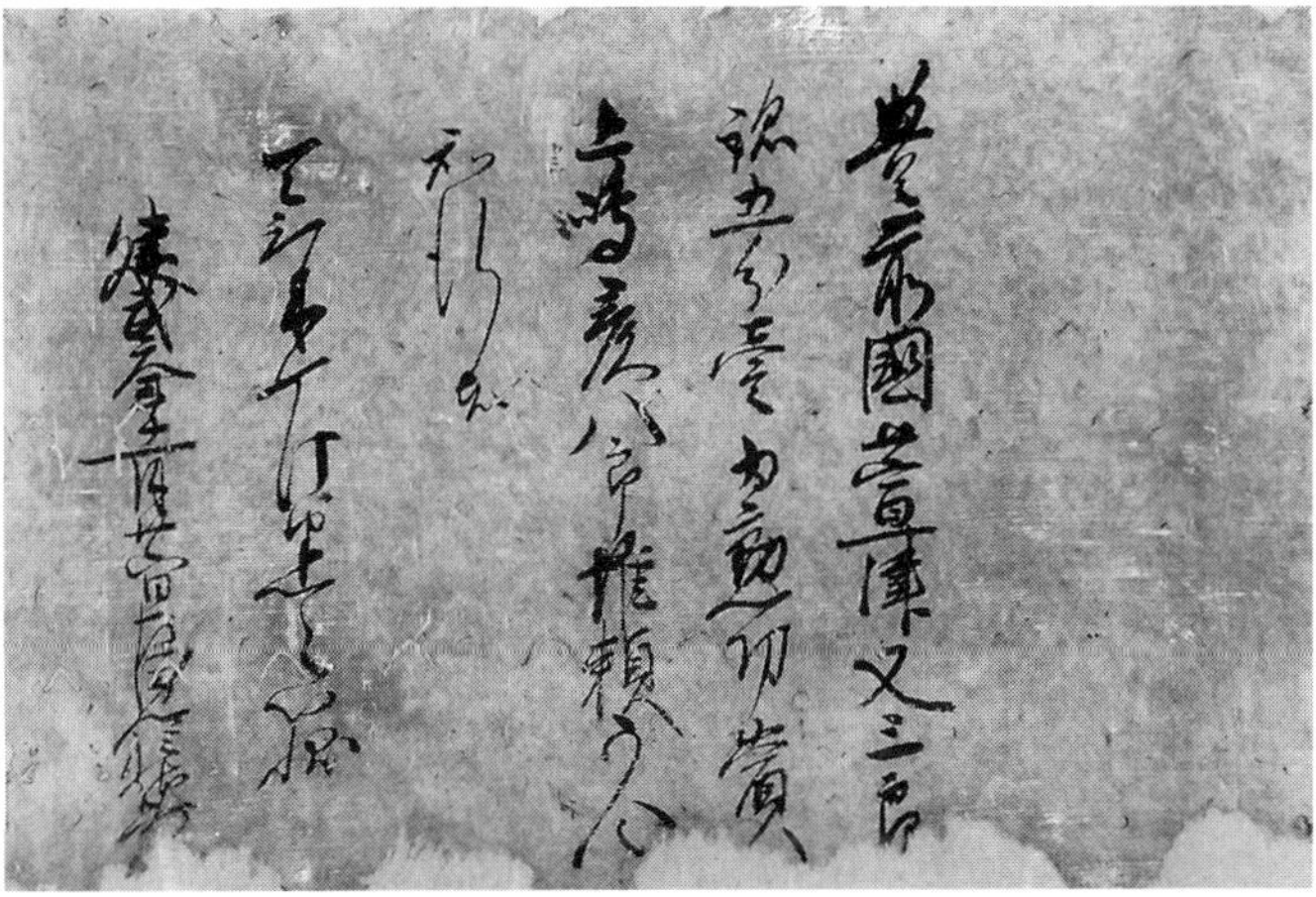

7　後醍醐天皇綸旨（熊本大学附属図書館所蔵肥後阿蘇文書）

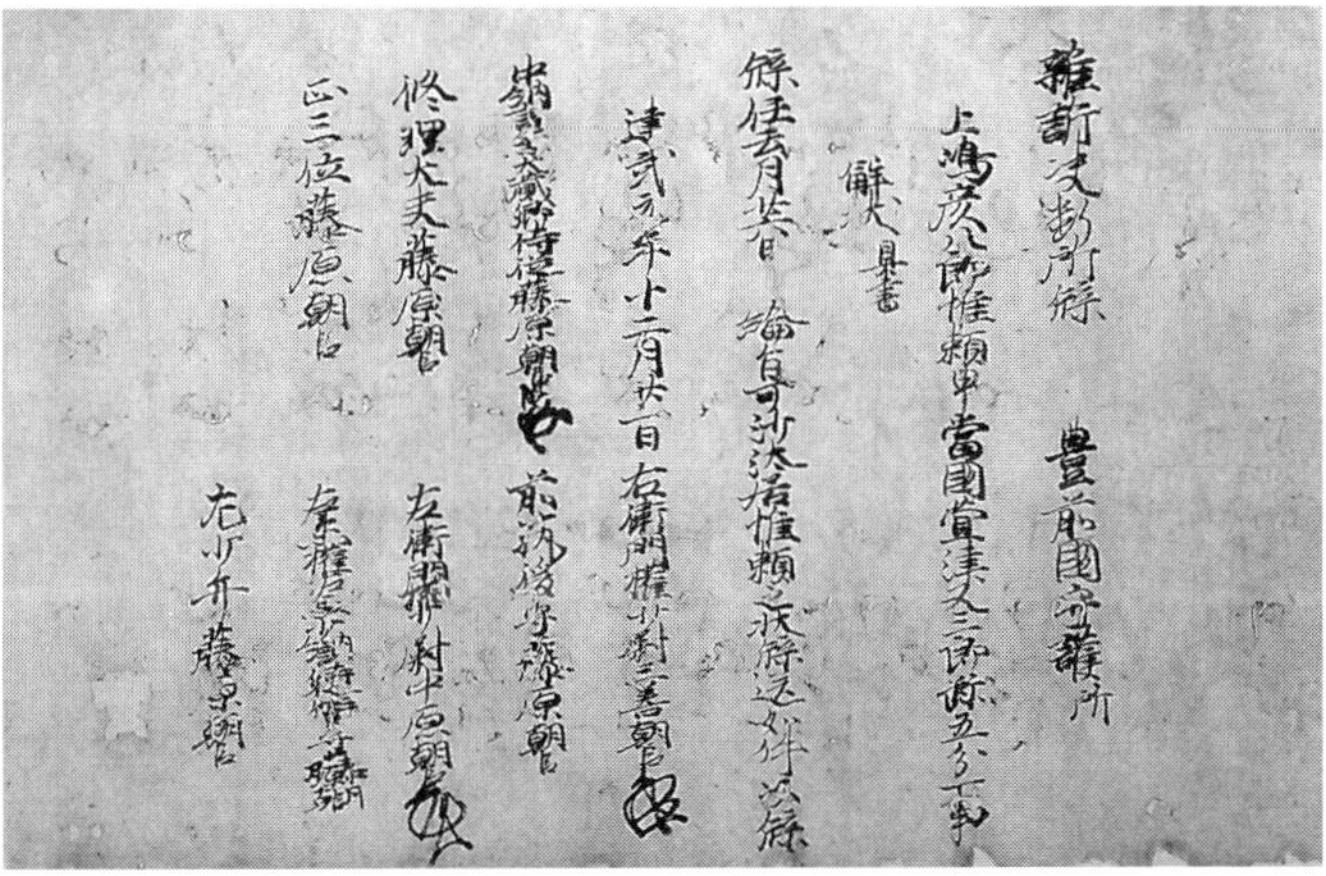

8　雑訴決断所牒（熊本大学附属図書館所蔵肥後阿蘇文書）

建武元年（一三三四）一一月二六日付後醍醐天皇綸旨（肥《ひ》後《ご》阿《あ》蘇《そ》文書）

豊前《ぶぜん》国萱津《かやつ》又三郎《またさぶろう》跡《あと》五分壱、勲功の賞として、上嶋彦八郎惟頼《うえしまひこはちろうこれより》知行《ちぎょう》せしむべし、

てえれば、

天気此《か》くの如《ごと》し、之を悉《つく》せ、以て状す、

建武元年十一月廿六日　　左衛門権佐《さえもんごんのすけ》（花押《かおう》）

（大意）豊前国萱津又三郎跡五分の一は、恩賞として上嶋惟頼が領有しなさいと天皇陛下がおっしゃっています。陛下のご意志は以上のとおりであります。これを尽くしなさい。よってお伝えいたします。

建武元年一一月二六日　　岡崎範国《おかざきのりくに》（花押）

建武元年一二月二日付雑訴決断所牒（同文書）

雑訴決断所牒す　　豊前国守護所

上嶋彦八郎惟頼申す、当国萱津又三郎跡五分一事、

解状《げじょう》具書

牒す、去月廿六日の　綸旨に任せて、惟頼に沙汰居《さたす》えすべきの状、牒送ること件《くだん》の

如《ごと》し、以て牒す、
建武元年十二月廿一日　右衛門権少尉《うえもんごんのしょうじょう》三善朝臣《みよしのあそん》（花押）
中納言《ちゅうなごん》兼《けん》大蔵卿《おおくらきょう》侍従《じじゅう》藤原《ふじわら》朝臣（花押）　前筑後守《さきのちくごのかみ》藤原朝臣
（以下署判者五名省略）

（大意）雑訴決断所牒　豊前国守護所宛
上嶋惟頼が申請する当国萱津又三郎跡五分の一の件について
牒発給を申請する申状《もうしじょう》および関連文書あり
先月二六日に出された綸旨の内容どおり惟頼へ恩賞地を渡すように、牒状を送ることは以上のとおりであります。よってお伝えいたします。
建武元年一二月二一日　飯尾《いのお》頼連《よりつら》（花押）
九条《くじょう》公明《きんあき》（花押）　小田《おだ》貞知《さだとも》
（以下署判者五名省略）

最初に掲げた文書が、今まで何度か話に出てきた綸旨である。当時の天皇が発給する最高形式の命令であった。内容は、萱津又三郎の所領のうち五分の一を恩賞として上嶋惟頼に給付するものである。萱津又三郎は、おそらく鎌倉幕府あるいはその残党が起こした反乱に与して領有していた所領を建武政権に没収されたとみられる。本史料のように、本来は幕府の将軍や執権が行っていた武士に対する恩賞充行の権限を天皇が綸旨で行使したこと自体が、従来の朝廷には見られなかった建武政権の画期性の現れなのである。

そして次に掲げた史料が、最初の綸旨の強制執行を豊前守護所に命じた雑訴決断所牒である。決断所の八番頭人《とうにん》九条公明以下八名が署判している。決断所八番は南海道《なんかいどう》（現在の九州地方）の不動産訴訟を管轄していた。そのためこの文書は八番で発給されたのである。

本事例では、ほかに豊前国衙《こくが》に宛てた同文の施行牒も残存している。建武政権では、綸旨の執行は守護と国司が共同で行う体制となっていた。そのため守護と国司にそれぞれ宛てて同時に施行牒が出されたのである。

また、翌年四月一七日に豊前守護少弐頼尚《しょうによりひさ》が牒の命令どおりに強制執行を行い、恩賞地を綸旨拝領者に与えたことを証明した文書（これを「遵行状《じゅんぎょうじょう》」と呼ぶ）の写も残存している。さらに、遵行状の後に守護ないし国司の使節による執行証明（「打渡状《うちわたしじょう》」）が出されたり、綸旨拝領者が執行を確認し、それを認定した文書（「請文《うけぶみ》」）が残されている場合もある。

少々専門的となるが、ここで注意しなければならないのは、文書が守護・国司宛となっているからといって、政府の役人などが直接彼らの許に文書を届けたわけではないことである。綸旨と同様、決断所牒も綸旨拝領者が獲得する。つまり、文書上の宛先と現実の宛先が異なるのである。その後、拝領者自身が守護・国司にそれらを提示し、個別に交渉して執行に動いてもらう。業務終了後も後に発生するかもしれない訴訟のために、綸旨・施行牒等の関連文書を各自の家や寺社で大切に保管する。これを学術用語で「訴訟手続の当事者主義」という。

それはともかくとして、決断所牒の署判を執事のものにし、文中の「綸旨に任せて」という文言を「御下文《おんくだしぶみ》に任せて」に変え、後は文書形式を武家の奉書《ほうしょ》形式に合わせれば執事施行状となる。綸旨→牒→遵行状……と下文→施行状→遵行状……はきれいに対応しており、両者が機能的に近い関係にあることは容易に推察できるであろう。

執事施行状を初めて発給した室町幕府初代執事高師直《こうのもろなお》は、雑訴決断所の三番に職員として参加していた。当然、綸旨を施行する牒の存在は熟知していたに違いない。彼が執事施行状を考案した際に、これの存在が念頭にあったことはまず疑いないところだと思う。つまり室町幕府は、恩賞充行という武家政権として最も重要で根幹に位置する権限でさえも、建武政権の体制を模倣したというわけである。

施行システムはほんの一例である。ほかにも建武政権の影響を受けたと推定できる室町幕府の政策はたくさんある。要するに室町幕府は、政治理念だけではなく、現実の政策まで建武政権のかなりの部分を踏襲した権力だったのである。

後醍醐と尊氏は究極的には天皇親政か幕府再興かで対立するわけだから、最終的な衝突が不可避であったのはもちろんだ。が、実行した諸政策は多くの点でよく似ている。

考えてみれば、これも当然のことである。護良《もりよし》親王の節でも述べたように、足利氏は建武政権の中枢に深く入り込み、特に地方支配において重要な部分を担っていた。軍事力・経済力の面で建武新政を実質的に支える最大勢力であったと言っても過言ではあるまい。その最大勢力が内部分裂を経て独立したとき、前政権のスローガンや政策を基本的に踏襲するのはむしろ自然であるとさえ言えるのではないだろうか。

苦悩する尊氏

加えて非常に有名な話であるが、足利勢力全体の総意はともかくとして、リーダーである尊氏自身は後醍醐に親愛の情を大いに持っており、天皇に対する謀反にきわめて消極的だったらしい。

尊氏は、後醍醐天皇が帰京命令を発したとき、一度はこれに応じようとした。弟の直義《ただよし》が止めなければ、本当に京都に戻っていたであろう。

そして『梅松論《ばいしょうろん》』によれば、新田義貞《にったよしさだ》を大将とする足利討伐軍がやってきたと聞くと、彼は出家遁世《とんせい》すると称し、わずかな近臣だけを連れて鎌倉の浄光明寺《じょうこうみょうじ》に籠もってしまう。代わりに出陣した直義が敗れ、新田軍が箱根《はこね》あたりまでせまってようやく戦いを決意して出陣するのである。『太平記《たいへいき》』巻第一四に至っては、尊氏兄弟を誅罰《ちゅうばつ》せよと命じる綸旨を周囲が偽作し、出陣を嫌がる尊氏をだまして出陣させたとある。綸旨謀作の真偽はともかく、尊氏が不本意ながらこの戦いに参加したのはおそらく確かであろう。

そもそも尊氏は、一貫して新田義貞を討つと称していた。敵は後醍醐天皇ではなく、あくまでも義貞であり、建武政権内部の不穏分子を排除するという論理だったのである。これも単なる建前ではなく本音であり、尊氏挙兵の本質が建武政権の内紛であった何よりの徴証と見るべきであると考える。

次いで室町幕府樹立後の暦応二年（一三三九）八月一六日、後醍醐天皇が崩御した。要人が死去した場合、その死を悼んで朝廷や幕府は一定の期間政務を停止するのが普通であった。だが、言うまでもなく後醍醐天皇は北朝にとっては敵である。そのため、平安末期の保元《ほうげん》の乱《らん》で敗北し、罪人として讃岐《さぬき》に流されてそこで死去した崇徳上皇《すとくじょうこう》に後醍醐の死は準じると見なされ、政務停止が行われなかった崇徳などの先例を北朝は当初用いようとした。

ところが、これに幕府が強く異議を唱え、結局ともに七日間の政務停止を強行した（『師守記《もろもりき》』同年同月一九日・二八日・九月一日・二日条）。深く考えれば、これは北朝―幕府が自己の正統性を自ら否定しかねない行動であるが、この一事にも尊氏の後醍醐に対する特別な想いが看取できるであろう。

さらに尊氏は後醍醐の冥福を祈るため、元《げん》に貿易船を派遣までして莫大な資金を集めて巨大寺院天龍寺《てんりゅうじ》を建立し、完成後も同寺に膨大な所領を寄進した。もちろんこれには、後醍醐の怨霊《おんりょう》を鎮めるという日本特有の宗教思想が大きく影響していることは言うまでもない。しかしそれを差し引いても、天龍寺建立にかけた尊氏の熱意と尽力は少々常軌を逸している感じが否めないのである。

尊氏のこれらの行動は古来より不可解とされ、さまざまな解釈がほどこされてきた。佐藤進一氏に至っては、尊氏が精神疾患を患っていたと考えているほどである。

しかし、尊氏が後醍醐から享受した莫大な恩恵の数々を踏まえれば、こうした行動はきわめて自然だと筆者は思う。前述したように、鎌倉幕府打倒の賞として、尊氏は後醍醐から高い官職と莫大な恩賞領土を拝領した。そして、建武政権を実質的に支える最大勢力として重要な役割をまかされた。これだけ大恩のある天皇を裏切るわけにはいかないと思うのがむしろ普通ではないだろうか。大胆にも謀反を起こして幕府を再興しようと考えた直義以下、尊氏周囲の人間の方が非常識かつ無謀なのである。

こういった経緯からも、幕府設立にあたって、尊氏が名実ともに建武政権の後継者であることをことさら強調したのも自然に解釈できるのである。ともかく足利尊氏の挙兵が、建武政権の内紛の要素を濃厚に有しているのはご理解いただけたと思う。しかも、この内紛は建武政権の最大規模の内紛であり、政権を倒壊に導いたため、同政権の最後の内紛となったのである。

なお、本書でも前に触れた著名なエピソードであるが、もともと尊氏は鎌倉幕府最後の得宗《とくそう》北条高時《たかとき》から「高」字をもらって、「高氏《たかうじ》」と名乗っていた。だが、倒幕の賞として、後醍醐天皇の実名「尊治《たかはる》」の「尊」字を拝領して「尊氏」と改名したのである。尊氏はこの名を終生使い続けた。南朝はこの改名を認めず、「高氏」と称することが多かったようであるが、ともかくこれも彼が後醍醐を慕い、建武政権の後継者を自認していた根拠に加えていいかもしれない。

足利家時置文について

ところで、尊氏挙兵の動機に関して、以下に述べる伝説がよく紹介されるのでご存じの方も多いと思う。すなわち、尊氏の先祖源《みなもとの》義家《よしいえ》が「七代後に生まれ変わって天下を獲る」と書いた置文《おきぶみ》を残した。義家の七代後は足利家時《いえとき》であったが、当時は鎌倉幕府の得宗北条氏の力が強すぎて、足利氏が天下を獲ることなど不可能であった。なので家時は、「私の命を縮めますので、三代のうちに天下を獲らせて下さい」と八幡大菩薩《はちまんだいぼさつ》に祈願して自殺した。この家時の孫、つまり家時から数えて三代目の当主が尊氏なのである。

そのため、尊氏は幼少の頃から天下獲りの野望を心のうちに秘めていた。鎌倉幕府打倒のために挙兵したこと自体が、いずれは建武政権を裏切り足利氏の幕府を開くことを前提とした行動だったというのである。

これは、室町幕府で九州探題を務めた今川了俊《いまがわりょうしゅん》が著した『難太平記《なんたいへいき》』という歴史書に出てくる逸話であって、了俊も尊氏・直義兄弟の前で家時の置文を実際に拝見したと述べている。この伝説が事実であれば、筆者の尊氏に関する見解は成立しないだろう。少なくとも大幅な「相対化」は避けられまい。

しかし、現代の学界ではこの逸話の信憑性は疑問視されている。厳密に言えば家時の置文は実在し、直義がこれを見たのは確かである。だが、それは観応元年（一三五〇）頃、すなわち尊氏が後醍醐に謀反を起こしてから一五年も後のことである。了俊が見たのも年齢的に幕府樹立後であるようだ。内容も、本当に右に述べたとおりであったかは定かではない。従って、家時置文を尊氏挙兵の動機と結びつけることはできないとされている。どうもこれは、足利氏の覇業を正当化するために了俊が「話を盛った」ということらしいのである。

そもそも家時の自殺は、弘安七年（一二八四）六月、北条一門で六波羅南方探題であった佐介時国《さすけときくに》が殺害され、時国の子息時光《ときみつ》が佐渡国《さど》へ流された鎌倉幕府の政変と深い関係があったとする見解が現在は有力である。北条一門内部の権力抗争に巻き込まれて自殺した家時に、天下獲りの野望などあるわけないではないか。

しかも近年の清水克行氏の研究によれば、尊氏兄弟には高義《たかよし》という夭折した嫡出の兄がいた。尊氏兄弟の母である上杉清子《うえすぎきよこ》は父貞氏《さだうじ》の側室《そくしつ》であり、本来尊氏は足利家家督《かとく》を継承する予定ではなかった。尊氏が家を継承したのは鎌倉も最末期、まさに幕府が滅亡する直前だったというのである。

天下獲りどころか足利家の当主になれたことさえ多分に偶然と幸運の産物だったのであ

る。こうした面からも、尊氏が少なくとも子どもの頃から野心を秘めていたというのは甚だ疑わしい。

さらに、足利氏の名字の由来となった同氏の本拠地下野《しもつけ》国足利荘は八条院《はちじょういん》領であった。すなわち鎌倉後期には、足利荘は大覚寺《だいかくじ》統が領有する荘園だったのである。この事実から足利氏と大覚寺統の密接な関係が窺え、尊氏の政治行動を考察する際にはこの点にも留意するべきであるように思われる。

南北朝初期における内紛

第三王朝樹立運動

幻の北陸王朝の夢――後醍醐天皇対「天皇」恒良・新田義貞

一度は敗れて九州に没落していた足利尊氏《あしかがたかうじ》が再起し、建武三年（一三三六）六月にふたたび入京した。後醍醐《ごだいご》天皇は比叡山に籠城して抗戦したが、尊氏は後醍醐軍の補給路を遮断して兵糧攻めを行ったので、天皇の軍勢は日に日に劣勢となっていった。

恒良親王への譲位

そして八月、持明院統《じみょういんとう》の光厳上皇《こうごんじょうこう》の院政《いんせい》開始が正式に決定され、光厳の弟豊仁《とよひと》親王が天皇に即位した。これが光明《こうみょう》天皇であり、北朝の事実上の発足であった。足利軍の勝利がほぼ確定し、尊氏は比叡山に講和交渉の使者を送った。不利な籠城戦に疲れ果てていた後醍醐は、この申し入れを簡単に受諾した。

しかし、これに猛反発したのが、今まで天皇に忠誠を尽くしてきた新田義貞《にったよしさだ》である。義貞配下の部将堀口貞満《ほりぐちさだみつ》が後醍醐に直接猛抗議した。

そこで同年一〇月、後醍醐は皇太子恒良《つねよし》親王に天皇位を譲り、恒良を義貞につけることでようやく彼をなだめた。三種の神器《じんぎ》を恒良に与え、あわただしく譲位の儀式を執り行った後、新田義貞は恒良を奉じて越前《えちぜん》国敦賀《つるが》へ落ちのびていった。以上の経緯は『太平記《たいへいき》』巻第一七に記されている。

その後、後醍醐も比叡山を下山し、翌一一月北朝の光明天皇にまた譲位し、ここでも三種の神器を渡した。

親足利の後醍醐皇子成良親王

光明の皇太子は後醍醐皇子成良《なりよし》親王とされた。成良親王とは、建武政権期に足利直義《ただよし》に奉じられて関東へ下向し、鎌倉将軍府《かまくらしょうぐんふ》の名目上の首長を務めた皇子である。この経歴からわかるとおり足利氏と関係が深く、「本ヨリ尊氏養ヒ進《まいら》セタリケ」る、すなわち尊氏が養育した親王と言われるほどであった（『保暦間記《ほうりゃくかんき》』）。

かの中先代《なかせんだい》の乱《らん》に際しても、直義は護良《もりよし》親王を殺害したが、成良については安全確保のために京都に送還している。もっとも、後で足利氏謀反をやりやすくするために直義が張った伏線とこれは解釈できなくもない。現に佐藤進一氏は、これを足利政権樹立の意思表示と考えている。が、少なくとも直義が成良の生命を保障した事実に変わりはない。ともかく、鎌倉幕府と同様、室町幕府もこの時点では両統迭立《りょうとうてつりつ》の履行を約束したのである。ただし、後述するように翌月の後醍醐による南朝政権の樹立によって、皇太子成良もすぐに廃されたのであるが。

従来、この成良立太子《りったいし》はごく短期間で終わったこともあり、さほど重視されなかったようである。しかし、インターネットで以下に述べることと同様のことが論じられていたのを読んだことがあり、そのとき筆者はまさに目から鱗が落ちる思いだったのであるが、考えてみればこれは後醍醐にとって相当有利な条件である。

この条件を守る限り、今後皇位の半分は後醍醐の子孫が占められることとなったのである。もともと鎌倉後期には大覚寺統《だいかくじとう》の中でも傍流であった後醍醐系統は皇位から排除される運命にあったわけだから、それと比べればこれは大前進である。また成良は、寵愛する阿野廉子《あのれんし》が産んだ皇子で、その点でも後醍醐の意志に合致している。

しかも成良が即位すれば、後醍醐が上皇として院政を開始し治天《ちてん》の君《きみ》として復権できる可能性も十分に残されていた。幕府はもとより摂政《せっしょう》・関白《かんぱく》さえも置かなかった建武政権時代の天皇独裁状況に比べれば確かに後退ではある。しかし、一度干戈《かんか》を交えて降した敵に対する措置としては、大温情の厚遇で決して悪い話ではない。少なくとも、同じ後醍醐を隠岐《おき》に流した鎌倉幕府の扱いに比べれば、はるかにめぐまれていたことは確かである。加えて成良は親足利の皇子なので、尊氏がこの約束を守る可能性は少なくともこの時点ではかなり高かったと見るべきであろう。

この成良立太子もまた、尊氏が建武政権を完全否定せず、それどころか理念的にも政策的にもその後継者を自認していたとする筆者の説を補強する材料に加えてよいと考える。

「天皇」恒良

だが、一切の妥協を拒む天皇親政原理主義者の後醍醐天皇はこの途轍もなくおいしい話を蹴って、翌一二月大和《やまと》国吉野へ脱走して延元の年号を復活した。そして、先に光明に渡した三種の神器は偽物であり、今自分が持っているものこそ本物だと主張した。

つまり、この時点で三種の神器は、恒良が持っているものと光明天皇が持っているもの、そして後醍醐天皇が持っているものと三つあったことにある。

何とも不思議な話であるがともかく南朝政権が発足したわけであり、ここに約六〇年におよぶ南北朝の争乱が始まった。

さて、比叡山を脱出した恒良親王と新田義貞は、越前国金ケ崎城《かながさき》に籠城した。このとき恒良が、後醍醐・光明に続く第三の「天皇」として現実に権力を行使していたと推定できる史料が存在する。恒良が発給した綸旨《りんじ》である。全文を掲げて紹介しよう。

延元元年（一三三六、北朝建武三）一一月一二日付「天皇」恒良綸旨写（白河集古苑《しらかわしゅうこえん》所蔵白河結城《ゆうき》文書）

高氏《たかうじ》・直義《ただよし》以下逆徒追討《ついとう》の事、先度　綸旨を下され候《そうらい》了《おわんぬ》、去月《さんぬる》十日、越前国鶴賀《つるが》津へ臨幸《りんこう》あるところなり、一族を相催し、時剋を廻《めぐ》らず馳せ参じ、彼輩《かのともがら》を誅伐《ちゅうばつ》せしむべし、恩賞《おんしょう》においては、請《こ》いによるべし、てえれば、天気此《か》くの如《ごと》し、之を悉《つく》せ、以て状す、

延元々年十一月十二日　　　　左中将《さちゅうじょう》在判《ありはん》

結城上野入道館《こうずけにゅうどうやかた》

（大意）足利尊氏・直義以下の逆賊討伐のことについて先日綸旨をくだされましたが、先月一〇日、天皇陛下は越前国敦賀へ臨幸されました。つきましてはあなたの一族を召集し、ただちに陛下の許へ馳せ参じ、逆賊どもを討伐しなさい。恩賞についてはあなたのご希望のとおりに計らいましょう。

天皇陛下のご意志は以上のとおりであります。これを尽くしなさい。よってお伝えいたします。

延元元年一一月一二日　　　　左中将〈在判〉

結城宗広《むねひろ》殿

ご覧のとおり、足利尊氏兄弟を討伐するために出陣することを当時奥州にいた南朝忠臣の白河結城宗広に命じる、いわゆる軍勢催促《ぐんぜいさいそく》の文書である。「天気此くの如し」という綸旨特有の天皇の意思を明記する文言があるので、これは立派な綸旨である。そして、「越前国鶴賀津へ臨幸あるところなり」との記述から、この綸旨の「天皇」が恒良を指すことは明白である。つまり、これは紛れもなく恒良が「天皇」として発給した綸旨なのである。ちなみに新田義貞と推定される人物が発給した同日付の副状も残っている。右の綸旨とほぼ同内容である。

これらの綸旨や副状は原本ではなく写である。しかし、白河結城氏に伝来している由緒正しい文書群の中に収められているので信頼してよい文書である。つまり、軍記物語である『太平記』以外の一級史料からも、恒良が「天皇」としてふるまっている事実が立証されるのである。

さて、これが実はきわめて重大な問題であることは容易に想像がつくだろう。京都に持明院統の天皇が存在する一方で、越前で後醍醐皇子が自分を「天皇」と思っており、しかもそれは十分な根拠を持っている。何しろ後醍醐自身が恒良への譲位を承認し、戦場であわただしくとは言え、その儀式まで行ったわけであるから。

後醍醐にしてみれば、この譲位は尊氏との和睦に憤慨する新田義貞をなだめるために行った一時しのぎにすぎなかったに違いない。しかし、恒良—義貞からすれば、本気と受け取ったとしても当然なのである。ともかく、後醍醐と恒良の認識に重大なすれ違いがあったことは明白である。

もっとも、恒良の「天皇」在位はわずか二ヵ月ほどしか続かなかったらしい。後醍醐の吉野臨幸を契機に恒良発給の綸旨も消滅するからである。恒良も一応は後醍醐の天皇在位を認め、自らの皇位継承は取り下げた模様である。とはいえ、後醍醐と恒良の間にしこりが残った可能性は否定できないであろう。

北陸王朝の幻影

仮定の話であるが、もしも特に恒良—新田義貞軍が主力となって足利氏に勝利し、室町幕府を打倒する展開になったとすれば、この矛盾は必ず問題となり、内紛・衝突のきっかけとなった可能性が高かったのではないだろうか。結果的に恒良軍が敗北したために、矛盾や対立が表面化しなかっただけのことである。

あるいは恒良の「天皇」自称は、南朝・北朝とも一線を画す第三の王朝樹立構想だったのかもしれない。少なくとも南朝の分派活動であったことは疑いあるまい。

恒良—新田義貞の敗死

彼らが籠城した金ヶ崎城は、室町幕府の越前守護《しゅご》斯波《しば》高経《たかつね》の攻撃によって翌建武四年（一三三七）三月に陥落した。このとき新田義貞は脱出できたが、後醍醐天皇の皇子尊良《たかよし》親王と義貞嫡子義顕《よしあき》は自殺した。恒良は捕えられて京都へ護送され、毒殺されたという。

金ヶ崎城を脱出した新田義貞は、その後も越前で抗戦を続け、一時はかなり勢力を盛り返し、逆に斯波高経を攻撃するまでになった。しかし、建武五年閏七月、藤《ふじ》島《しま》の戦いで流れ矢に当たって義貞は戦死した。義貞の北陸王朝の夢は、ここに名実ともに潰え去ったのである。

9　新田義貞像（総持寺所蔵）

藤氏一揆と関東王朝樹立構想

――北畠親房 対 興良親王・近衛経房・小山朝郷

南朝の地方支配戦略

およそ六〇年におよぶ南北朝内乱と言っても、南朝が北朝―室町幕府と何とか互角に戦うことができたのは、実はせいぜい最初の数年間である。

すでに建武三年（一三三六）五月、まだ南北朝分裂が起こる前であるが、楠《くすの》木《き》正成《まさしげ》が摂津《せっつ》国湊《みなと》川《がわ》の戦いで足利尊氏《あしかがたかうじ》軍に敗北し、壮絶に戦死している。建武五年五月には、はるばる奥州から二度目の遠征で畿内に進軍してきた陸《む》奥《つ》将《しよう》軍《ぐん》府《ふ》の北畠顕家《きたばたけあきいえ》が、和泉《いずみ》国堺《さかい》で幕府執事《しつじ》高《こうの》師直《もろなお》軍の圧倒的な物量作戦の前に敗北し、戦死した。同年閏七月には、前節で述べたばかりだが新田義貞《にったよしさだ》が越前《えちぜん》国藤島《ふじしま》で戦死した。

このように、建武政権―南朝を支えためぼしい武将が序盤で次々と戦死したため、北朝

—室町幕府の圧倒的優勢のもとに戦局は展開したのである。それでも南朝がしぶとく粘り、内乱が六〇年も続いたのは、それこそ室町幕府が内紛を起こし、抗争に敗北した武将が相次いで南朝に寝返ったためなのであるが、それも本書でこの後折に触れ言及することとなろう。

少し後の話になるが、暦応二年（一三三九）八月には、とうとう後醍醐《ごだいご》天皇まで吉野で崩御《ほうぎょ》した。南朝は強烈なカリスマ的君主を失い、ますます苦境に陥ったのである。後醍醐死後の南朝では、後醍醐皇子義良《のりよし》親王が後継者として即位した。これが後村上《ごむらかみ》天皇である。しかし後村上はわずか一一歳の少年であったので、代わって北畠親房《ちかふさ》が事実上の南朝の総帥として戦争を指導した。

ここで南朝が採用した戦略は、京都奪回は後回しにして全国各地に後醍醐の皇子や武将を派遣し、まずは地方で南朝の勢力基盤を固める作戦であった。少し話は前後するが、すでに建武三年九月、後醍醐天皇は比叡山下山に先だって、皇子懐良《かねよし》親王を四国・九州方面に向けて出発させていた。後の征西将軍府《せいせいしょうぐんふ》である。前節で紹介した「天皇」恒良《つねよし》—新田義貞の北陸下向《げこう》も、広い意味では地方の基盤強化策の側面もあった。さらに言えば、義良—北畠顕家の陸奥将軍府と成良《なりよし》—足利直義《ただよし》の鎌倉将軍府《かまくらしょうぐんふ》もこの政策の先駆けと評価できよう。

なのでこの作戦は今までも部分的には実施されていたのであるが、さらに後醍醐は宗良《むねよし》親王を中部地方、義良親王を再度奥州に下すことにしたのである。義良には北畠顕信《あきのぶ》（親房子・顕家弟）・白河結城宗広《しらかわゆうきむねひろ》、そして親房がついていくこととなった。

暦応元年九月、彼らは伊勢《いせ》国大湊《おおみなと》から出航し、海路東国を目指した。しかし、不運にも遠州灘《えんしゅうなだ》で暴風雨に遭遇した。宗良親王は当初の予定どおり無事遠江《とおとうみ》国に到着したが、義良・顕信・宗広は伊勢に吹き戻された。この後、義良が後醍醐の皇太子となり、彼の死後即位して後村上天皇となることは前述のとおりである。

北畠親房は何とか常陸《ひたち》国に上陸した。彼は常陸の南朝方小田治久《おだはるひさ》に迎えられて小田城に入り、白河結城宗広の子親朝《ちかとも》や小山朝郷《おやまともさと》など関東の武将に多数の書状を送って、南朝方として足利軍と戦うよう勧誘した。南朝の正統性を主張する目的で、かの有名な歴史書『神《じん》皇正統記《のうしょうとうき》』が著されたのもこの頃の話である。

もちろん室町幕府がこうした親房の動向を黙って見逃すはずはなかった。幕府は執事高師直の養子師冬《もろふゆ》を関東執事《かんとうしつじ》に任命し、関東の幕府軍の大将として派遣してきたのである。

ようやく本題に近づいてきた。こうして高師冬と北畠親房が雌雄を決しようとする頃、南朝に内紛が発生した。それが「藤氏一揆《とうしいっき》」である。

藤氏一揆

暦応四年（一三四一）、南朝廷臣《ていしん》の前関白《さきのかんぱく》近衛《このえ》経忠《つねただ》が南朝の分派行動を企てた。経忠は、近衛家と同じ藤原《ふじわら》氏である関東の小山氏や小田氏に藤原同盟結成を呼びかけた。これが「藤氏一揆」である。経忠自身が天下をとり、小山朝郷を「坂東管領《ばんどうかんれい》」にする計画であったという。親房によれば、経忠は京都に戻ったものの北朝からも相手にされず、あばら屋一軒と所領《しょりょう》二ヵ所を与えられただけで窮迫したあまりにこの無謀な企てを起こしたのだとのことである（年月日不詳北畠親房書状写〈松平基則《まつだいらもとのり》氏所蔵結城文書〉）。

藤氏一揆については、経忠を南朝内部の講和派と見なす意見が昔から存在する。これは主に戦前に活躍した歴史学者高柳光寿が最初に提唱した説であるが、近年の歴史学関係の通史や一般書にはこれを事実と断定して論じるものがある。

しかし、経忠和平派説は確たる史料的根拠があるわけではない。小山朝郷の坂東管領構想を見ても、あまり講和というニュアンスは感じられない。ここは佐藤進一氏のように断定を保留し、少なくとも南朝の分派活動と見るのが自然なのではないだろうか。

康永二年（一三四三）には、小山朝郷は護良《もりよし》親王の子興良《おきよし》親王を迎え、自ら鎮守府将軍《ちんじゅふしょうぐん》になろうとする動きを見せる。ここまで来ると、南朝・北朝に続く第三の王朝を樹立する目的であった可能性も指摘されている。

興良親王

ここで興良親王について簡単に紹介したい。興良は、今述べたように護良の子息である。母は北畠親房の妹だと言われており、だとすれば親房は伯父にあたる。南北朝動乱初期には「大塔若宮《おおとうのわかみや》」と呼ばれ、父親王がかつて知行国主《ちぎょうこくしゅ》の立場で地盤としていた和泉《いずみ》国を中心に畿内で幕府軍と戦っていた。それが暦応四年頃、親房の要請で常陸国に下向《げこう》し、小田城に入ったのである。この下向が、南朝皇族の権威を利用して戦いを有利に進める目的であったことは言うまでもない。

しかし、戦況の劣勢が続いたことと、その後親房が別の皇族（詳細不明）の下向を受け入れたこともあって、両者の関係は急速に冷え込んだらしい。そこに小山朝郷の勧誘が来たので、興良は当時籠城していた大宝《だいほう》城を出て、朝郷の元に奔《はし》ったのである。

親房は五月六日付の配下の範忠《のりただ》の書状を介して、興良の行動を「楚忽《そこつ》の御振る舞い」と批判し、「今となってはあのお方のことなど惜しくもありません」と冷たく言い放っている。だが、室町幕府が興良の身柄を引き渡すよう朝郷に要求する動きもあったらしく、一方では同じ書状で朝郷が幕府の要求に応じて興良が命を失ってしまう事態を憂慮もしている（白河結城文書）。

ここに親房の甥に対する愛憎半ばする複雑な感情を読み取ることができる。それはともかく、こうした北関東の藤原氏による南朝の分派活動は、村上源氏《むらかみげんじ》の北畠親房から藤原氏が東国の支配権を奪おうとする南朝内部のクーデタで、もともと劣勢であった関東南朝方に大きな動揺を与えたであろう。

北関東には平安時代、藤原秀郷《ひでさと》という名高い武将が本拠地を置いていた。秀郷は別名を「俵藤太《たわらのとうた》」といい、鎮守府将軍を務め、あの平将門《たいらのまさかど》を倒した武将として有名である。大百足《おおむかで》退治の伝説でも知られている。小山氏・結城氏・宇都宮《うつのみや》氏・小田氏といった北関東の大豪族は、みなこの秀郷の子孫なのである。もともとこの地方の武士団は強大で、中央に対する独立意識の強い地域であった。よって、このような分派活動が起こり得る余地は十分にあったと思われる。なおこの他、新田義貞の遺児義興《よしおき》をかついで親房を失脚させる陰謀もあったらしい（前出北畠親房書状写）。

室町幕府内部の対立

ところで同じ頃、京都の室町幕府では、将軍尊氏の執事高師直と足利直義の対立が激化していた。一方、幕府の関東地方統治機関である鎌倉府では、幼主足利義詮《よしあきら》（尊氏嫡子。後の二代将軍）の下で、前述の高師冬と上杉憲《うえすぎのり》顕《あき》（尊氏兄弟の従兄弟）の二人が関東執事として統治にあたる体制であった。しかし、京都の対立が関東地方にも波及して、両執事の仲も悪かったらしい。師冬が師直派、憲顕が直義派である。

そのため上杉憲顕は高師冬の対南朝戦争に非協力的で、それが劣勢にもかかわらず親房が五年間も関東で持ちこたえた理由であるとされている。こうした幕府方の内紛について は親房もよく承知しており、北関東の諸将を勧誘する際、書状でそれに言及して説得にあたっている。その一節を紹介しよう。

興国四年（一三四三、北朝康永二）ヵ七月三日付北畠親房書状追而書《おってがき》（陸奥相楽《さがら》文書）

京都の凶徒《きょうと》の作法、以ての外に聞こえ候、直義・師直の不和、已《すで》に相剋《そうこく》に及ぶと云々、滅亡程あるべからざるか、（後略）

（大意）京都の逆賊どもの最近のあり方は、思いがけない方向に向かっているとの情報が入っております。直義と師直の関係が、もはや単なる不仲を通り越して、すでに互いに争い始めているそうです。もうすぐ彼らは滅亡するでしょう。

とこのように、当時の幕府が深刻な内部対立を抱えていたのは確かである。しかし、南朝の内紛はそれ以上にひどく、とても相手を嘲笑できる状況ではなかった。この状況ではせっかくの親房の勧誘も説得力を持たなかったであろう。彼の書状を受け取った武士たちは、内心で「お前が言うな」と失笑したに違いない。

北畠親房の関東撤退

というわけで、北畠親房による関東地方の武士たちを南朝方に勧誘する作戦は、実際にはほとんど成功しなかった。当初親房を迎え入れた小田治久も早々と幕府方に寝返った。親房が非常に期待し、熱心に誘った南奥州の雄、白河結城親朝もさんざん迷った挙げ句に幕府に帰順した。

親房の工作が失敗したのは、もちろんこれだけが理由ではない。特に恩賞《おんしょう》に対する価値観が、武士たちとは根本的に相違していたことが最大の原因であることは昔から指摘されている。だが、南朝の不始末を棚に上げて幕府を批判する姿勢が共感を得られなかった要素も大きかったのではないかと筆者は考えている。

そして康永二年に関東執事高師冬が南朝方の常陸国関《せき》城および大宝城を陥落させると、支えきれなくなった親房はむなしく吉野に帰ったのである。興良もほどなく畿内へ戻ったようである。

観応の擾乱以降における内紛

講和か、徹底抗戦か？

吉野攻撃を申し出た南朝の武将——北畠親房 対 楠木正儀

南朝内部の路線対立

北畠《きたばたけ》親房《ちかふさ》の畿内撤退以降、南朝《なんちょう》の勢力はますます衰えた。貞和三年（一三四七）、楠木《くすのき》正成《まさしげ》の遺児正行《まさつら》がようやく成長し、河内《かわち》・和泉《いずみ》方面で挙兵した。正行は、細川顕氏《ほそかわあきうじ》・山名《やまな》時氏《ときうじ》といった室町幕府軍の有力武将を連続して撃破し、一時的に幕府を脅かした。しかし、翌貞和四年正月、幕府執事《しつじ》高《こうの》師直《もろなお》が出陣し、河内国四条畷《しじょうなわて》の戦いで楠木正行を戦死させたことでこれも一瞬の希望に終わった。師直は戦勝の勢いで吉野まで侵攻した。そのため、後村上《ごむらかみ》天皇はさらに山奥の賀名生《あのう》に撤退しなければならないほどであった。

この頃から、南朝内部は徹底抗戦派と講和派の二党派に分裂した模様である。

徹底抗戦派のリーダーは、ほかならぬ後村上天皇であった。後村上は一時は三歳の息子に譲位し、自ら一武将として一軍を率いて幕府と決戦しようと考えていたほどであった。まさに父帝後醍醐《ごだいご》の遺志を忠実に継承する君主だったのである。天皇の他には、洞院実世《とういんさねよ》という公家が強硬派として知られる。

これに対して講和派の筆頭は、意外にも武士の楠木正儀《まさのり》だった。正儀は大楠公《だいなんこう》楠木正成の子で、小楠公《しょうなんこう》正行の弟である。正行が四条畷で戦死した後、後を継いだ。偉大だった父と兄の血を受け継ぎ、彼も有能な武将であった。後年たびたび幕府軍を撃破し、京都を陥落させている。しかし、一方では柔軟な現実主義者で、幕府との和平の道を強く模索する面もあった。

10　後村上天皇像（来迎寺所蔵）

そして、中間派に位置するのが北畠《きたばたけ》親房《ちかふさ》である。以前から指摘されていることであるが、実は親房の政治思想は後醍醐天皇の構想とはかなり食い違っていた。『神皇正統記《じんのうしょうとうき》』『職原抄《しょくげんしょう》』といった彼の著書によると、彼は幕府の存在は認めている。天皇の主権を侵害する幕府は厳しく否定するが、天皇に忠実な将軍なら歓迎なのである。親房にはむしろ、従来の家格秩序を無視した官職任免など、後醍醐天皇が先例を否定して行った新しい政治を批判する発言が目立つ。この点に関して、後で詳述するように息子の北畠顕家《あきいえ》が建武三年（一三三六）、戦死する直前に建武政権の問題点を厳しく批判した諫奏《かんそう》を後醍醐に提出した事実も想起されよう。

というわけで、親房はどちらか一方に原理主義的に偏るのではなく、マキャヴェリズムを発揮し、状況に応じて抗戦と講和を使い分け、南朝をより有利な立場に導く戦略を採っていた。また彼は、抗戦派と講和派に分裂していく南朝を何とかまとめ、崩壊を防ぐ役割を果たしていたとも言えよう。

初期室町幕府の統治体制

ともかく繰り返すとおり、南朝は衰退する一方であったのだが、そんな落ち目の南朝に千載一遇のチャンスが訪れた。敵の室町幕府が激しい内紛を起こし、真っ二つに分裂したのである。前に指摘したように、すでに暦応―康永頃から足利直義《あしかがただよし》と将軍家執事高師直の対立が表面化していたのであるが、それが貞和末になっていよいよ激化し、遂に戦闘状態に突入したのである。

どうして圧倒的優勢であった室町幕府が分裂したのか。本書のテーマからはずれるが、この時代をより深く理解するためにも不可欠だと思われるので、初期室町幕府の統治体制について少し詳しく説明したい。

発足当初の室町幕府は、将軍足利尊氏《たかうじ》と弟直義が権限を二分して統治する体制であった。尊氏は、合戦で功績を挙げた武士に褒美の土地を与える恩賞充行《おんしょうあてがい》権と、幕府の地方行政官である守護《しゅご》を任命する権限を行使した。直義は、武士が従来から領有していた所領《しょりょう》を承認する権限すなわち所領安堵《あんど》権や、土地の所有権をめぐる裁判を行う権限（所務沙汰《しょむざた》権）を主に行使していた。佐藤進一氏は、尊氏の権限を「主従制的支配権」、直義の権限を「統治権的支配権」と名づけて論じている。

こうして、当初は順調にうまくいっているように見えたのであるが、結局尊氏と直義は衝突し、戦う結末となった。この理由については複雑かつ難解で、学界でも結論が出ていない状況だと思われる。尊氏庶子直冬《ただふゆ》の処遇をめぐる対立の要素も大きかったであろう。我が子でありながら直冬を異常なまでに嫌悪する尊氏と、直冬を養子として重用する直義は当然対立した。

しかし、幕府の内紛が起こった最大の原因は恩賞問題であったと筆者は考えている。もちろんその根底には、一四世紀の日本列島を襲った、例えば悪党問題といった政治・社会・経済情勢の大変動が複雑に絡んでいることは言うまでもないが。

執事高師直の権勢

すでに言及したように、将軍尊氏の恩賞充行袖判《そではん》下文には、執事高師直が執事施行状《しぎょうじょう》という文書を発給し、各国の守護に恩賞地の強制執行を命じることによってその実効性を強化した。この政策は一定度の有効性を発揮したと推定できる。そのため、北畠顕家《あきいえ》・楠木正行といった南朝の有力武将を打倒した武将としての彼の卓越した力量や大戦果と相乗効果を発し、執事師直の幕閣内における権勢は急上昇したと考えられる。

師直の官職は武蔵守《むさしのかみ》である。武蔵守は、かつては北条得宗家《ほうじょうとくそうけ》クラスの武将が名乗った官職である。建武政権期の尊氏も後醍醐天皇からこの地位を拝領したことは前述のとおりである。また、武蔵守護も兼ねていた。前代以来の武家の聖地であり、現代でも日本の首都東京を擁することからもわかるように、軍事的・経済的に重要な武蔵国を名実ともに掌握した意義は大きい。師直は、建武政権期の尊氏に準じる実力を有していたと評価できるのである。

なお師直は、ごく短期間であるが河内や上総《かずさ》守護も務めた。この他、高一族で三河《みかわ》・和泉《いずみ》・石見《いわみ》・伊賀《いが》・伊勢《いせ》・尾張《おわり》・若狭《わかさ》・越後《えちご》・備中《びっちゅう》・備後《びんご》・土佐《とさ》の守護職《しき》も掌握した。

こうした師直の権勢を快く思わなかったのが足利直義である。また、足利一門の他の有力武将の中にも、彼の台頭を不快に思う者が多数存在した模様である。

高氏は、鎌倉時代には身分の低い一介の足利氏家人で、単なる足利氏当主の私的な執事に過ぎなかった。だが、その家人がいまや並みの足利一門よりもはるかに高い地位に昇り、強大な権力を行使している。これではねたまれない方がおかしい。

また直義は、施行状のような文書が嫌いだったらしい。直義が発給する所領安堵の下《くだし》文《ぶみ》や所務沙汰裁許《さいきょ》の下知状《げちじょう》にも施行状がついても不思議ではない。事実、南北朝末期以降は安堵や裁許にも施行状が出されることが普通になる。しかし、直義の命令には施行状がないのが普通であった。

この理由もいろいろ考えられるが、鎌倉幕府の執権《しっけん》北条義時《よしとき》・泰時《やすとき》の政治を理想とする直義が、鎌倉幕府には存在しなかった文書を理念として忌避していた要素は確実にあったと思う。つまり、守護等の第三者に強制執行を命じる施行状など出さなくても、鎌倉時代のように下文や下知状の拝領者周辺が自然に幕府の権威に服し、命令が強制執行なしで実現されるのが本来のあるべき姿だという理念である。

また、執事施行状の欠点として、発給者の権威を上昇させるのと裏表の関係にあるが、先行する将軍下文の権威を損ねかねない点を挙げることができる。下文があっても施行状が出なければ恩賞が実現しないとなれば、少なくとも論理的にはそれだけ下文の重要性は相対的に低下する。極論すれば、将軍も下文も存在する必要がない。

執事施行状のモデルとなったと推定できる雑訴決断所《ざっそけつだんしょ》牒《ちょう》による綸旨《りんじ》施行《しぎょう》も、綸旨の権威を損ね、天皇親政を大幅に後退させたとするのが長らく定説的理解であった。これに対して、筆者は綸旨施行の有効性を主張する。だが、それでも定説に一面の真実が含まれているのは否定できないと考えている。綸旨施行牒を継承した執事施行状にも当然同じ弱点が内包されていたに違いない。

師直には「天皇など木や金の像でもいいではないか」と放言したという有名な逸話がある（『太平記《たいへいき》』巻第二六）。だが、それは実は将軍に対しても当てはまるのである。直義の目には、師直の施行状発給は尊氏に対する専横と映ったのではないだろうか。

そのため、一時直義は師直の執事施行状発給を停止しようと試みた形跡がある。鎌倉時代の権限が弱い執事に戻してしまおうというわけである。詳細は先年刊行した拙著を参照していただきたいが、結局施行状の現実的有効性を前にしてその試みは失敗し、両者の対決はひとまず先送りにされた模様である。

停滞する恩賞充行

さらに見落としてはならないのが、その反面、師直とて無敵の超人ではなかったことである。せっかく合戦で手柄を立てたにもかかわらず、恩賞充行から漏れた武士や希望の守護職に任命されなかった武将も当然数多く存在した。

それを裏づける史料は多数存在するが、本書では一例として、康永二年（一三四三）頃に制定された室町幕府追加法第一二条を挙げたい。本法は「恩賞遅引《ちいん》」、すなわち恩賞充行が遅れてなかなか所領を拝領できない武士についての対策を定めた法令である。このような法令が存在すること自体が、初期室町幕府の恩賞充行が決して円滑に行われていたわけではなかったことを暗示していよう。

また、恩賞充行の将軍袖判下文を拝領できたとしても、必ずしもそれが実現したとは限らない。下文の実現をはかる執事施行状も出ない場合があった。否、施行状が発給されたとしても、万能の証文ではないので絶対恩賞地の実効支配が実現することを保証はしなかった。

利益供与から漏れた武士たちは、恩賞給付や守護職補任を担当する尊氏―師直ラインに失望した。そして、もう一方の旗頭である直義に接近していったと考えられる。実際、斯《し》波《ば》高経《たかつね》・桃井《もものい》直常《ただつね》といった有力武将たちは、そうした事情で直義派となったとされている。

要するに、主として、

① 師直の権勢に対する嫉妬

② 適正な恩賞の要求

という二つの理由のいずれかまたは両方によって執事師直を嫌う武士たちが直義の下に集結し、彼を担ぎ上げたというわけである。ちなみに先に紹介した幕府追加法第一二条も、直義管轄下の庭中方《ていちゅうがた》なる訴訟過誤救済機関が、恩賞遅引の場合に限ってながら、本来尊氏―師直が担当する恩賞充行に関与することを可能にした規定である。

足利直義の政治姿勢

ここで注意しなければならないのは、当時直義が行っていた政治が必ずしも武士の利益とはなっていなかった点である。

現存する直義の所務沙汰裁許の判決は、そのほとんどが荘園を侵略する武士を敗訴とし、荘園領主である寺社《じしゃ》や公家《くげ》（寺社本所《ほんじょ》）の権益を保障する内容である。所領安堵も、武士が代々その所領を領有してきた実績や文書によるその証明（相伝《そうでん》の由緒）を重視した。すなわち、鎌倉時代以来の伝統的な地頭御家人《じとうごけにん》層にとっては利益となっても、悪党《あくとう》と呼ばれた、鎌倉後期から急速に台頭して所領拡大を目指した当時の新興武士層にとっては基本的に無縁のものであったと考えられる。

加えて古くからよく知られていることであるが、直義は謹厳実直な性格で、政務に真剣に取り組む政治家であった。当時の習俗であった八朔《はっさく》の贈答を賄賂と見なして受け取らなかったのも有名なエピソードである。また、前述の鎌倉幕府の執権政治を理想とした点からも窺えるように、彼は本質的に保守的で、伝統的な権威を重んじていた。

そうした人間性も影響して、直義は寺社本所勢力の絶大な支持を受けていた。彼らは直義を、父清盛《きよもり》を諫めて朝廷の権益を擁護したとされていた平重盛《たいらのしげもり》と並び称した（『太平記』巻第二三）。また、「三条殿《さんじょうどの》（直義）こそ幕府そのもの」と見なされることもあった（『房玄法印記《ぼうげんほういんき》』貞和四年七月一七日条）。

とはいえ、そうした直義の寺社本所勢力擁護姿勢は、彼が尊氏と分割して行使している権限によるものである。直義が尊氏―師直に代わって恩賞充行を行ってくれれば、彼は寺社本所を保護するのと同程度の熱意をもって、必ずや我々武士のために尊氏たちよりも上手に恩賞を分配するであろう。と当時直義を支持した武士たちは期待したのではないだろうか。

観応の擾乱

ともかく、こうして室町幕府内部で次第に二つの党派が形成され、対立を深めていく。それははじめは執事師直と直義の対立という形で現れるが、これが本当は尊氏—直義の対立であることは容易に推察されるであろう。そして前述したように、両派の対立はついに軍事衝突に発展する。それが観応《かんのう》の擾乱《じょうらん》である。観応元年（一三五〇）を中心に起こった戦乱であるのでこの名がある。

観応の擾乱の経緯も非常に複雑である。貞和五年（一三四九）閏六月に直義の策略で一時執事を解任されて激怒した師直が、同年八月大軍を率いて京都に乱入した。そのため直義は尊氏邸に逃げ込み、師直軍が尊氏邸を包囲して、直義失脚を尊氏に強要して実現させるなど興味深い事件も散見する。

しかしここでは本書のテーマに即して、幕府内部の権力抗争に敗北し、一時失脚して出家に追い込まれた直義が、翌観応元年一〇月、当時九州で猛威をふるっていた自らの庶子直冬を討つために出陣していた尊氏の隙を突いて京都を脱出し、河内国に逃れ、南朝に接近したところから話を始めたい。直義は南朝を担いで、その権威を利用して尊氏—師直に対抗しようとしたのである。

直義の和平の申し出に対してどう対処するべきか、南朝では激論が交わされたらしい。強硬派の洞院実世は直義殺害を主張した。南朝にとって直義は宿敵尊氏の弟で、幕府の権限を兄と二分して行使し、事実上幕政を主導していた人物である。そもそも建武の争乱も、後醍醐を慕って優柔不断だった尊氏のお尻を直義がたたいて謀反を決意させた経緯がある。罪人であったとは言え後醍醐天皇の皇子である護良《もりよし》親王を殺害したり、後醍醐の帰京命令に従おうとした尊氏を制止するなどして、挙兵せざるを得ない展開に尊氏を追い詰めた人物こそ足利直義その人なのである。その意味で直義は尊氏以上に憎い敵であり、今さら講和を申し出たところで許し難い存在であった。

しかし、中間派の北畠親房は、いったん直義と和睦《わぼく》して王朝を統一するべきであると論じた。抗戦派の気持ちもよくわかるが、幕府打倒→王朝統一・天皇親政復活という最終目標を果たすために、ここは直義と結んで尊氏を攻撃した方が得策であろうという判断である。いかにもマキャヴェリストの親房らしい考え方である。

結局親房の意見が通り、直義は南朝に帰順した。当時師直に不満を持つ幕府の武士が多数存在した上に南朝の戦力が加わったこともあり、戦争は直義軍が勝利した。

高師直が敗死したのはこのときのことである。時に観応二年（一三五一）二月二六日であった。最期は、降伏したにもかかわらず、かつて倒した政敵上杉重能《うえすぎしげよし》（直義側近）の遺児能憲《よしのり》に一族もろとも摂津国武庫川《せっつむこがわ》のあたりで斬殺されるという悲劇的な結末であった。因果応報とも言えるが、源義経《みなもとのよしつね》や楠木正成レベルとまでは行かなくても、後世の人間はもう少し彼にやさしくてもいいのではないかと筆者などは思うのであるが……。

それはともかく、観応の擾乱の第一幕はここに終結した。尊氏は直義といったん講和し、京都に戻ってふたたび直義とともに政治をとる体制になった。しかし、実質的には戦争に勝利した直義主導の体制であったことは言うまでもない。守護や引付頭人《ひきつけとうにん》といった幕府の人事はほとんど直義派の武将で占められた。施行状も直義が発給する体制とされた。

そして直義主導の下で、幕府は改めて南朝との講和に向けて、具体的な条件を交渉することとなった。

講和交渉とその決裂

直義は、この講和交渉に非常に熱心に取り組んだ模様である。すでに尊氏と激戦を繰り広げていた観応二年二月初頭の段階で、直義が使者を南朝に派遣して銭一万疋《ひき》もの大金を献上したことが、『房玄法印記』に記されている（観応二年二月六日条）。この一事からも、直義がこの交渉に懸けた熱意が窺えるのではないだろうか。

また、このときの両者の話し合いの記録が残っている。これを「吉野御事書案《よしのおんことがきあん》」というが、非常に高度で格調の高い議論で、古くから高く評価されている。

その詳細も割愛するが、要するに内乱の原因が、当時の日本の国家体制をめぐる見解の相違と所領問題であることを明確にした点が注目できる。具体的には、前者は天皇親政か幕府主権かであり、後者は恩賞をいかに適正に分配するべきかという問題であった。

五ヵ月におよんだ直義と南朝の交渉は、結局は決裂した。国家体制に関しても所領分配に関しても、双方の立場の隔たりが大きすぎて話し合いで解決できる類の問題ではなかった。南北朝内乱自体が世紀の大変動であったので、これも致し方のないことであった。

しかし、問題は決裂の仕方である。南朝は、最後は直義の提案を一方的に拒絶し、北畠親房は直義が提出した文書を後村上天皇に取り次ぐことさえせずに直義に突き返したという。いくら何でも無礼すぎる態度と言えよう。

怒る楠木正儀

これに激怒したのが、和平派の楠木正儀であった。このとき彼は南朝側の使者として双方の連絡役を一貫して務めており、和平交渉にきわめて熱心であった。なので南朝上層部のこの態度にはたいそう憤慨したらしい。

『房玄法印記』観応二年五月一九日条

十九日、（中略）公武御合体の事、北畠禅門《ぜんもん》以下然るべからずの由《よし》塞ぎ申すの間、御和睦《わぼく》の儀成立すべからず、「仍《よ》って楠木においては、武家に参ずるの上は、早く大将軍を吉野殿に差し進《まいら》せらるべし、然らば楠木殊に軍忠を致し、吉野殿の通路を打ち塞ぎ、不日に責め落とし申せしむ、御没落時日を廻《めぐ》るべからず」と云々、

（大意）一九日、（中略）南朝と幕府の合体のことについて、北畠親房が反対したので講和は成立しなかった。「かくなる上は、楠木は幕府に帰参するので早く大将を派遣していただきたい。そうしていただければ楠木は懸命に戦い、南朝の通路を封鎖してただちに攻め落としてみせます。南朝天皇はすぐさま没落されるでしょう」と（楠木の使者が）述べたそうだ。

この史料によれば、直義の文書を返却した正儀の代官は、何と楠木が幕府方に寝返って吉野を攻め落とすことを申し出たというのである。

ここで繰り返し言及した『房玄法印記』は、醍醐寺の房玄大僧都《だいそうず》が記した日記である。つまり、この記事は同時代の京都近郊に住んでいた僧侶が伝え聞いた情報を書いたものなのである。また、北朝の重臣洞院公賢《とういんきんかた》による日記『園太暦《えんたいりやく》』にも同様の情報が記されている（観応二年五月一八日条）。複数の一次史料に記録されていることから、この楠木の申

し出はかなり信頼性が高いと言えるであろう。

ともかく、当時南朝内部でも相当激しい路線対立があったことは確かなようだ。それにしても、幕府に寝返って武力で南朝を打倒してみせるとは、何とも過激かつ傲慢な発言である。いったい、これのどこが「吉野の君臣の忠烈、日月と光を争っ」ているのか。しかも正儀は、後年この言葉をまさしく実行するのである。それについては後述しよう。

南朝のスキャンダル——後村上天皇・北畠親房対中院具忠

直義の失政

足利直義《あしかがただよし》の天下は長くは続かなかった。観応二年（一三五一）八月、直義は兄の将軍尊氏《たかうじ》とふたたび不和となり、京都を脱出して北陸、次いで鎌倉へ没落した。

戦わずして直義は急激に劣勢となったのであるが、この理由は何であろうか。これも結局は恩賞《おんしょう》問題であったと筆者は考えている。

この時期に直義が積極的に行った政策は、南朝との和平交渉を除けば、諸国の武士に寺社領荘園の侵略を禁止したことくらいである。

このこと自体は普通のことである。荘園侵略禁止命令は、源頼朝が鎌倉幕府を発足させて以来、武家政権が頻繁に発してきた命令である。特に戦争終了時にこれを出すのは言わば定跡と化していた。

しかし、恩賞問題が最大の問題で起こった内乱で、恩賞政策をほとんど進めず一方的に自力による所領《しょりょう》拡大を禁止するのはあまりにもセンスがなさすぎる。

もっとも前述したように、守護《しゅご》等幕府の要職は直義派で占められたから、守護クラスの直義派武将にとっては利益があったと言えるだろう。施行状《しぎょうじょう》発給権も直義が掌握した。また観応二年三月一三日付で、直義派の武将上杉憲顕《うえすぎのりあき》に守護分国《ぶんこく》内の闕所地《けっしょち》処分権、すなわち配下の武将に恩賞を与える権限を認めた直義御判御教書《ごはんのみきょうじょ》も現存している(出羽《でわ》上杉文書)。このように限定的ながら、直義も恩賞政策を推進する意志を一応は持っていたらしいことは窺えるのである。

しかし全体的に見れば、この時期の恩賞充行は事実上機能不全に陥っていたとしか評価できない。しかも、施行状発給権は直義が掌握したものの、それに先行する恩賞充行袖判《あてがいそではん》下文《くだしぶみ》を出す権限自体は依然として尊氏が握っていた。なので、直義派の武将が恩賞を拝領できる可能性は一層低かった。恩賞を期待して直義に味方した一般の武士たちは、たいそう失望したのではないだろうか。結局直義の寺社本所《じしゃほんじょ》勢力擁護姿勢は、単に彼の立場や権限だけの問題ではなく、そもそも彼に恩賞充行を積極的に行使する意欲が希薄であるのに起因することを彼自身が行動をもって示した形になったのである。

せっかく絶大な支持を集めて政権交代を果たしたのに、国民が希望する政策をまったく実現できない上に状況を一層悪化させたために急速に支持を失ってまた野党に転落したというのは、最近もどこかの国であった出来事のような気がする。直義の急激な衰退も、本質的にはこれと同じ現象であったと考える。

そもそも南朝との和平交渉を除けば、この時期の直義は政治に対する熱意をほとんど失っていた気が筆者にはしてならない。四〇歳を過ぎてようやく授かった実子如意丸《にょいまる》が、今回の戦乱の最中に直義の陣中で夭折し、非常に落胆したことも大きかったと思う。しかし、二年前に高師直《こうのもろなお》のクーデタで失脚して以来、直義には覇気が感じられない。直義派の武将たちに担がれて、ただ状況に流されていただけのような気がする。かつて尊氏は後醍醐《ごだいご》天皇と戦う気がまるでなかったが、直義の尊氏に対する態度には、それとまったく同じ雰囲気を筆者は感じるのである。

正平の一統

ともかく、直義は東国に逃れた。観応《かんのう》の擾乱《じょうらん》の第二幕の始まりである。今度は尊氏が南朝と講和する番である。

尊氏は、生真面目な弟とは違って適当な人間である。あるべき日本の国制はいかなる体制なのかとか、そういう面倒くさい上に合意の見込めない問題は最初から議論する気などなかった。すべてを元弘時代に戻しますと曖昧な表現で早急に講和を成功させて、直義討伐のために東国に出陣した。

年号も当時の南朝年号であった「正平」を使用した。なので、尊氏と南朝の連合を「正平《しょうへい》の一統《いっとう》」という。

そして尊氏は、直義軍を撃破して鎌倉入りを果たした。直義は、正平七年（一三五二、北朝観応三）二月二六日、かつての宿敵高師直・師泰《もろやす》兄弟が殺害されたちょうど一周忌に死去した。

ところで直義は、尊氏に毒殺されたと当時から噂されており、定説もそうなっている。しかし、これは確実な根拠はないし、失脚した政治家が失意のうちに死亡する現象は現代でもよく見られることなので、自然死の可能性も高いと筆者は考えている。四六歳という死亡年齢も、当時としては特に不自然ではない。後年、彼の甥の義詮《よしあきら》も三七歳で死去しているが、これは病死であって疑問の余地はない。だが、他殺でも自然死でも、北陸落ちの時点で直義がすでに政治的に死亡していたのは確かである。

直義に勝利した尊氏は、しばらく鎌倉に滞在して東国統治に専念することにした。東国には、上杉憲顕等旧直義派武将の勢力が依然健在だったからである。一方、旧鎌倉幕府の六波羅探題《ろくはらたんだい》・鎮西探題《ちんぜいたんだい》管轄下の西国の支配は、京都で留守番をしていた嫡子義詮が担当した。つまり、幕府は将軍父子が東西を分割して統治する体制となったのである。

ところが同年閏二月、南朝は幕府との講和を一方的に破棄して京都に攻め上り、足利義詮軍を撃破して占領した。度重なる内紛で幕府が弱体化し、京都は尊氏不在で未熟な義詮しかいないのを絶好の好機と見たのである。正平の一統はわずか四ヵ月で崩壊した。

北朝の消滅と再建

南朝軍の京都占領自体はごく短期間で終わった。翌三月、体勢を立て直した義詮が反撃し、京都を奪回したからである。

しかし、このとき幕府は、軍事力ではどうしようもない部分で大きな痛手を蒙った。南朝が北朝の光厳《こうごん》・光明《こうみょう》の二上皇《じょうこう》と崇光《すこう》天皇、そして皇太子直仁《なおひと》親王（花園《はなぞの》皇子）を拉致して賀名生《あのう》に連れ去り、北朝の三種の神器《じんぎ》も没収したからである。つまり、北朝が事実上消滅してしまったのである。

困った幕府は、光厳上皇の皇子で出家する予定だった弥仁《いやひと》王を急遽即位させた。これが後光厳《ごこうごん》天皇である。神器なしで即位したため、太古の継体《けいたい》天皇の先例が持ち出されたという。

三種の神器は建武の争乱の頃に少なくとも三つは存在したわけであるから、そもそもどれが本物か不明である。だが、神器なしの即位は、右で述べた継体天皇のほかには、平安最末期の後鳥羽《ごとば》天皇の先例もあるにはあるがやはり不適当である。しかも、後鳥羽の場合は後白河法皇《ごしらかわほうおう》の院宣《いんぜん》があったが、今回はそうした治天《ちてん》の君《きみ》による保証もないのである。

そこで、今回は後光厳の祖母広義門院《こうぎもんいん》（西園寺寧子《さいおんじねいし》）を無理矢理治天にして、彼女の出した令旨で即位させた。しかし、これはいかにも苦しい。広義門院は、女性でしかも非皇族で治天の君となった史上唯一の人物だからである。

こういう事情で、後光厳天皇の正統性には大きな疑問符がつくこととなった。この後北朝の天皇は後円融《ごえんゆう》—後小松《ごこまつ》と続くが、彼らも神器なしで即位した。これが南朝正統史観の有力な論拠の一つとなっているのである。

さらに、南朝に拉致された光厳上皇らは延文二年（一三五七）に帰京を許されるが、以降後光厳系統は、本来我こそが正統の皇統にあると自認する兄の崇光上皇の系統（伏見宮《ふしみのみや》家）と皇位をめぐって争うこととなった。兄後二条《ごにじょう》系（木寺宮《きでらのみや》家）—弟後醍醐系（南朝）などに分裂した大覚寺統《だいかくじとう》に続き、持明院統《じみょういんとう》＝北朝も分裂したのである。そういう意味でも、このときの南朝の京都占領は大きな禍根を残したと言える。

室町幕府の改革

とこう書くと、観応の擾乱およびそれに続く正平の一統は、室町幕府にとって悪いことばかりだったようである。しかし反面、尊氏と直義の二系統に分裂していた将軍権力を一元化して幕府組織の骨格を固めるプラスの側面があったことは見落としてはならない。

また、特に擾乱の第二幕が始まってからは、尊氏・義詮父子が全国の武士に大量の恩賞を与えることで懸案の所領問題の解決を促進したことも大きい。恩賞充行の袖判下文の残存数は、室町幕府が存続した全期間を通じて、観応の擾乱直後のこの時期が最も多いのである。この事実も、擾乱の最大の原因が恩賞問題にあったことを如実に示しているであろう。

尊氏は、第一幕が終わって直義と講和したとき、彼に従った武士四二人へ恩賞を与えることを最優先するべきだと声高に主張して直義に強引に認めさせた。会談前の不快さとは対照的に、会談が終わったときの尊氏は非常に上機嫌であったという（『園太暦《えんたいりやく》』観応二年三月二日・三日条）。

敗北した側が恩賞を要求するのも厚かましい話であるし、実際にはこの約束は履行されなかったようである。が、この逸話からは、尊氏が擾乱の原因や自らの敗因を正確に理解し、挽回を目指したことが窺えるであろう。

ちなみに第二幕開始後、例の施行状は、高師直の後任の執事《しつじ》を務めた仁木頼章《にきよりあき》だけではなく、将軍尊氏自らも大量に発給した。将軍自身による施行状発給は、師直時代には見られなかった現象である。西国の義詮政権では、かつて直義が管轄していた不動産訴訟機関の引付方《ひきつけがた》の長官である頭人《とうにん》が、五人で分担して施行状を発した。

これらの現象は、前任者師直が施行状発給によって強大な権勢を誇ったのを反省し、その再現を防止するため、複数の人間に施行状発給の権限を分散させたことを反映していると言われている。もちろんそれもあっただろうが、膨大な数の恩賞充行袖判下文を出したので、執事一人では施行状発給業務を処理しきれなかった側面も大きかったのではないかと最近筆者は考えている。

加えて、衰えて恒例の儀式の遂行さえ困難になった北朝を助けるために、幕府は税制改革にも着手した。これが三代将軍足利義満《よしみつ》の頃に起こったいわゆる王朝の「権限吸収」に発展していった詳細な過程も近年解明されてきている。

ともかく観応の擾乱は、室町幕府にとって避けては通れなかった真の改革事業であり、産みの苦しみだったのである。

余談ながら、現在の皇室は崇光系統＝伏見宮家の御子孫である。室町中期に後小松の子称光《しょうこう》天皇が皇子を残さないまま崩御し、後光厳系統が断絶した。そこで、崇光の曽孫彦《ひこ》仁《ひと》親王が即位して後花園《ごはなぞの》天皇となったのである。伏見宮家はおよそ八〇年ぶりに念願の皇位を奪回し、以後現代に至るわけである。

それらの事情はともかく、六〇年におよぶ長い南北朝動乱の中で、正平一統前後数年の南朝が北朝―室町幕府に勝利できる最大にして、おそらくは唯一の大チャンスをつかんでいたことは確かであろう。

奇怪な密通事件

この後南朝は、翌文和二年（一三五三）六月にも二度目の京都占領を成功させる。将軍尊氏が鎌倉から大軍を率いて帰ってきたこともあり、このときも幕府は短期間で京都を奪回するが、一度も京都占領を許さなかった擾乱以前と比較しても、この頃の幕府の力が軍事的にも衰えていることは否めない。

この快挙の最中、南朝本拠地の賀名生で奇怪な事件が発生した。南朝の重臣中院具忠《なかのいんともただ》が後村上天皇の女御《にょうご》と密通し、宮中から連れ去ったというのである。

女御の父親の北畠親房《きたばたけちかふさ》は激怒し、事件に関与した賀名生の土民数名を処刑して首をさらした。これにほかの山民たちが怒って蜂起したので、後村上天皇は危険を感じて一時賀名生から離れた。京都占領直前の楠《くすの》木《き》正儀《まさのり》軍を呼び戻して、天皇を護衛させようとしたほどだったそうである。

この密通事件は、北朝重臣洞院公賢《とういんきんかた》が、噂として彼の日記『園太暦』に書きとどめているだけで真相は不明である（文和二年六月四日条）。そもそも中院具忠は、前年五月の八幡《やわた》合戦で戦死している。密通しようにもすでにこの世には存在しなかったのである。ちなみに公賢は、南朝の主戦論者洞院実世《さねよ》の父である。

しかし、京都占領という南朝優勢の時期でさえ、こともあろうに本拠地の賀名生で結束が崩れていることは確実である。史料が少なくて難しいのであるが、先の楠木正儀の過激な発言と言い、南朝内部の対立が相当深刻化しているとは言えるであろう。

護良の遺児の野望——後村上天皇 対 赤松宮陸良親王

その後も文和四年（一三五五）には、将軍足利尊氏《あしかがたかうじ》の庶子で南朝に帰順した直冬《ただふゆ》が進軍し、父と骨肉の京都争奪の死闘（南朝にとっては三度目の入京）を演じたりした。だが、これまた本書のテーマとは関係ないので詳細は省略する。文和三年四月、北畠親房《きたばたけちかふさ》が死去したところから話を始めよう。

新執事細川清氏

これまでも見てきたとおり、親房は事実上の南朝の指導者であった。晩年は隠居していたとする説もあるが、ともかく軍事的・理論的支柱を失って、南朝は一層衰退していった。

一方室町幕府の方でも、延文三年（一三五八）に将軍尊氏が死去し、嫡子義詮《よしあきら》が二代将軍として後を継いだ。尊氏の死去に伴い、執事仁木頼章《しつじにきよりあき》も引退し、出家した。新将軍義詮は、細川清氏《ほそかわきようじ》を新しい執事に任命した。

細川清氏は、足利一門の武将である。しかし、細川氏は平安末期というごく早い段階で本家から分流したこともあり、斯波《しば》氏などと比べると家格は低いとされていた。また清氏は本来は細川氏嫡流であったが、父和氏《かずうじ》が動乱初期に死去したこともあり、幕府諸将の出世レースでは遅れをとっていた。

そのため清氏は、度重なる合戦で手柄を挙げて自己の存在をアピールしなければならなかった。そして実際、合戦では何度も大活躍した。その武功は数知れないが、中でも文和二年六月、南朝軍が二度目に入京したとき、義詮軍の殿《しんがり》を務めて敵の追撃をかわす危険な任務を立派に遂行したことは特筆に値する。このとき清氏は、近江《おうみ》国塩津《しおづ》付近で鎧の上から後光厳《ごこうごん》天皇を背負って山越えしたという。これは『太平記《たいへいき》』巻第三二の記事なので事実か否かは検討の余地ありだが、ともかく勇敢な武将であったことは動かない。

義詮は、このように戦功著しい清氏を補佐として抜擢したのである。こうした経緯もあって、細川清氏は典型的なタカ派で武闘系の武将であった。

幕府の大規模侵攻作戦

執事に就任して早速行ったのが、南朝を大軍で本格的に攻撃する作戦であった。戦争しか能のない清氏は、もっともシンプルな方法で決着をつけようとしたのである。

当時鎌倉で関東執事を務め、初代鎌倉公方《かまくらくぼう》足利基氏《もとうじ》（義詮弟）を補佐していた畠山国清《はたけやまくにきよ》もこれに呼応し、清氏に協力するために関東の大軍を率いて上洛した。国清も歴戦の勇者で、同じ旧尊氏党の武将として清氏と仲がよかった。

こうして延文四年一二月、将軍義詮を奉じた細川清氏は、畠山国清とともに大軍で京都を出発し、義詮を摂津《せっつ》国尼崎《あまがさき》にとどめて自らは河内《かわち》国に侵攻した。

清氏と国清という、当時の室町幕府を代表する東西の二大武闘派武将が協力して戦ったこともあり、戦況的には幕府軍の圧勝であった。幕府軍は、翌年前半にかけて河内国内の南朝の戦略拠点を次々と陥落させ、大戦果を挙げて意気揚々と京都に引き揚げた。

赤松宮陸良親王の謀反

この最中、南朝にとってはさらに痛いことに内部で謀反が発生した。延文五年四月、故大塔宮護良《おおとうのみやもりよし》親王の皇子で、当時「赤松宮《あかまつのみや》」とか「将軍宮《しょうぐんのみや》」と呼ばれていた皇族が、赤松氏範《うじのり》に擁せられて後村上《ごむらかみ》天皇打倒のために挙兵したというのである。その名を陸良親王《りくよしカ》という。

陸良親王は、観応《かんのう》の擾乱《じょうらん》以前、関東で藤原《ふじわら》氏による第三王朝構想のときに担ぎ出された興良《おきよし》親王と同一人物とする見解も有力であるが、本書では別人説を採用し、陸良としておく。興良と同様、母親は北畠親房の妹であるというが、ともかく詳細は不明な人物である。

この宮は、観応の擾乱の際には幕府方の播磨守護《はりましゅご》赤松則祐《そくゆう》に一時擁立されていたこともあった。だから「赤松宮」とも言われるのであるが、これも第三王朝樹立の構想に数え上げることができるであろう。天下が尊氏方・直義《ただよし》方・南朝方と三分の情勢となり、将来がまったく予測不可能となった段階で、則祐は勝敗がどう転んでも生き残るために、言わば保険として赤松宮を担いだと考えられる。

しかし、尊氏優勢の戦況となったため、則祐が赤松宮をかつぐ必要もなくなり、宮は則祐に捨てられた。その後赤松宮は、但馬《たじま》・丹波《たんば》両国を平定し、裏切り者の則祐に報復するために摂津国に侵入して赤松軍と決戦したが敗北し、河内国へ没落したという。そして当時、吉野の奥地にいたのである（『太平記』巻第三四）。

『太平記』巻第三四によれば、赤松宮は劣勢の南朝を救うために戦いたいと強く要望したので、南朝は赤松氏範に吉野一八郷の兵をつけて宮の許へ派遣した。

しかし、どうしたわけか宮は突然変心し、密使を将軍義詮に派遣した。後村上天皇を滅ぼすので、どうか室町幕府に吉野の支配を承認してもらいたいと。

ここで登場する赤松氏範というのは、赤松円心《えんしん》の四男で三男則祐の弟である。観応の擾乱以降、兄との不和によって南朝方に転じ、吉野に滞在していたという。状況的に見て、せっかく担いだ赤松宮を捨てるのに反対して兄と衝突したのではないだろうか。

ともかく、南朝をますます窮地に追い込むこの申し出を義詮が拒否するはずはない。当然喜んで受諾したであろう。四月二五日、赤松宮は総勢二〇〇騎余、野伏《のぶし》三〇〇〇人とともに挙兵して賀名生《あのう》へ攻め寄せ、後村上の行宮《あんぐう》や南朝廷臣の邸宅を焼き払った。

しかし翌日、前関白《さきのかんぱく》二条師基《にじようもろもと》が和泉《いずみ》・大和《やまと》の軍勢一〇〇〇騎余で反撃したため、宮は敗北し、奈良へ没落した。赤松氏範は奮戦したが結局降伏し、故郷の播磨国へ帰ったという。

氏範は、この後も応安二年（一三六九）と至徳三年（一三八六）にも南朝方として挙兵するが、幕府軍の攻撃で戦死した。

赤松宮の反乱は、『太平記』だけではなく、奈良の興福寺《こうふくじ》大乗院《だいじよういん》に伝来した日記群を、戦国時代の大乗院門跡尋尊《もんぜきじんそん》がまとめた『大乗院日記目録』という一次史料でも言及されている。よって、実際に起こった出来事であることは確実である。『太平記』でも項目を設けて詳細に記述されており、兵力などに誇張はあるだろうが相当大きな合戦であったのは確かであるようだ。これも南朝の内紛として大きく挙げることができるのである。

護良親王・北畠親房・赤松則祐の関係

ところで、護良親王と北畠親房、そして赤松則祐。この三者は元弘の頃から強い絆があり、トライアングルのように連携していた模様である。護良親王の妃が親房の妹であったらしいことはすでに述べた。護良は、親房の義理の弟だったのである。しかも、両者が従兄弟でもあった可能性も高いことも前述したとおりである。また、政治的にも、天皇に忠実であるという条件つきで幕府の存在を認める親房と、征夷大将軍《せいいたいしょうぐん》の地位にこだわって自らの武士団増強に努めた護良の立場は近いものだったと言っていいだろう。

赤松則祐は、鎌倉最末期には護良の従者を務めていた。当時比叡山で天台座主《てんだいざす》であった護良の武芸の稽古の相手を勤めたという。護良は、僧侶でありながら公然と武芸に励んで、来るべき父帝の討幕挙兵に呼応する準備を進めていたのである。護良の子である赤松宮を奉じることが則祐に可能だったのは、もちろんこの縁によるものである。

赤松氏と北畠氏は、護良を介して結びついたようである。同じ村上源氏《むらかみげんじ》であるのも親近感を一層深めたであろう。と言うより、元は播磨国の悪党《あくとう》で正確な出自のはっきりしない赤松氏の村上源氏自称は案外北畠氏の影響かもしれない。岡野友彦氏も筆者と同様の見解を抱いている。かの正平《しょうへい》の一統《いっとう》に際しても、赤松則祐は重要な役割を果たした気配がある。

室町期、北畠氏は伊勢《いせ》国南部になお勢力を温存させたが、将軍が北畠氏と交渉するとき、仲介役を担当したのが播磨守護赤松氏であった。両者の親密な関係ははるか後年まで続き、室町幕府の政治システムの一部を担ったほどなのである。

また、赤松満祐《みつすけ》が六代将軍足利義教《よしのり》を暗殺して反乱を起こした嘉吉元年（一四四一）の嘉吉《かきつ》の乱《らん》に際しても、敗れた満祐嫡子赤松教康《のりやす》は伊勢国司北畠教具《のりとも》を頼って伊勢に逃れた。そもそも教康の妻は、教具の叔父大河内《おおこうち》顕雅《あきまさ》の娘であった。つまり教康と教具には姻戚関係があり、両者は義理の従兄弟だったのである。ただしこのときは北畠氏は赤松に味方せず、教康を自害させている（『師郷記《もろさとき》』同年九月二八日条）。

仁木義長・畠山国清・清氏の失脚

話を元に戻そう。わずか数日で鎮圧されたとは言え、幕府の大軍が攻め寄せている中、天皇の甥が起こし、行宮が全焼したほどの合戦である。南朝が蒙った物理的損害はもちろん精神的打撃も甚大だったのではないだろうか。「風前の灯火」とはまさにこのことである。しかしこのとき、またしても室町幕府で内紛が発生したため、南朝はからくも窮地を脱する。

まず、有力武将仁木義長《にきよしなが》が細川清氏《ほそかわきようじ》以下諸将の反発を受けて失脚し、自身の分国《ぶんこく》伊勢へと没落して南朝方へ寝返る。仁木義長は、観応の擾乱以降尊氏の執事を務めた仁木頼章《よりあき》の弟で、兄弟で一貫して尊氏に忠節を尽くしてきた武将である。もちろん武功を挙げることもたびたびで、執事高師直の兄弟で主に合戦を担当していた師泰《もろやす》と同じ立場にあった。官職も師泰と同じく「越後守《えちごのかみ》」を名乗っていた。そんな猛者がこのとき失脚したのである。

義長は後に幕府に復帰する。が、仁木氏は最終的にはわずか伊賀《いが》一国の守護にとどまった。一時は兄弟で九ヵ国を守護として支配した往時の大勢力を復活させることはできなかったのである。

次いで関東執事畠山国清も遠征軍の長期在陣に絶えきれず、関東へ撤退する。この国清もわずか一年後の康安元年（一三六一）一一月、公方基氏《くぼうもとうじ》と不和となり失脚。自身の分国伊豆《いず》で基氏軍の攻撃を必死で防いだが、翌年敗北した。その後は、奈良や南山城《やましろ》付近を流浪して死んだらしい。

そして執事細川清氏自身が、対立していた宿老佐々木導誉《ささきどうよ》の讒言《ざんげん》によって、同年九月将軍義詮の怒りを買って失脚する。その後、例によって南朝方に転じ、同年一二月には楠木正儀《くすのきまさのり》らとともに京都を占領して義詮を駆逐するが、これも一ヵ月に満たずして奪回される。これが南朝にとって四回目にして最後の京都占領であった。翌年、清氏は細川一族の勢力地盤である四国へ下ったが、七月に讃岐《さぬき》国白峰山麓《しらみねさん》にて従兄弟細川頼之《よりゆき》と戦って戦死するのである。彼らもまた悲劇の武将と言えるのではないだろうか。

大楠公楠木正成の息子、南朝を裏切る――楠木正儀 対 長慶天皇

斯波高経の融和政策

細川清氏《ほそかわきようじ》・畠山国清《はたけやまくにきよ》、そして仁木義長《にきよしなが》も旧足利尊氏《あしかがたかうじ》党の武将である。彼らはみな合戦で手柄を立てることで室町幕府に貢献してきた武闘派である。しかし、彼らが全力を尽くして戦っても、最終的には南朝を屈服させることができず、南北朝の分裂も収まらなかった。それどころか、同じ幕府の同僚からさえも嫌われ、ほぼ同時に失脚してしまったのである。

「力では問題は解決しない」とはよく聞く主張であるが、それも一理あることは確かである。より正確には、「力『だけ』では問題は解決しない」のであるが。

そこで将軍義詮《よしあきら》はハト派政策に転換し、融和路線を進めることとした。手始めに、旧

直義《ただよし》党の斯波《しば》氏を政権に起用した。失脚した細川清氏に代わって斯波義将《よしゆき》が新執事《しつじ》に任命された。とは言っても、義将は当時わずか一三歳の少年であったので、実質的には父の高《たか》経《つね》が幕政を主導した。

斯波高経は、足利一門内でも将軍家に匹敵する高い家柄を誇る武士であった。高経の頃まで将軍家と同じ「足利」の名字を名乗っていたほどである。建武政権期以来、越前《えちぜん》国が主な勢力地盤である。

合戦は苦手だったようで、ほぼ連戦連敗である。かつては落ち目の新田義貞《にったよしさだ》にさえ巻き返されて、逆に攻撃されて籠城に追い込まれたほどの弱さであった。諸国の幕府軍の救援を得て、ようやく高経は義貞を討つことができたのである。そのため尊氏には重用されず、それが高経が直義派となった大きな要因である。尊氏—義詮時代初期には一貫して野党的立場であった。

しかし、反面調停能力に優れ、下総《しもうさ》の大豪族千葉貞胤《ちばさだたね》を勧誘して南朝方から幕府方に寝返らせた実績を持っていた（『太平記《たいへいき》』巻第一七）。要するに斯波高経は、高師直《こうのもろなお》や細川清氏たちとはあらゆる面で対照的なハト派の代表格であった。融和路線を進めるには最適の政治家であり、そのため義詮は彼を起用したのである。

この斯波政権下で、幕府は貞治二年（一三六三）、当時南朝方だった周防《すおう》・長門《ながと》の大内《おおうち》氏、山陰地方の山名《やまな》氏を相次いで幕府に帰参させた。大内氏も山名氏もかつて直義―直冬《ただふゆ》党だった武将で、幕府内の権力闘争に敗れて南朝方に転じたのであるが、高経は同じ旧直義党同士の縁も利用して両者の勧誘に成功したのである。

一方、同年関東でも、かつて直義党だった上杉憲顕《うえすぎのりあき》が鎌倉公方《かまくらくぼう》足利基氏《もとうじ》の補佐役に起用された。上杉氏は定着し、後に関東管領《かんとうかんれい》として鎌倉公方足利氏を堅実に支え続けた。

大内氏・山名氏は複数の国を制圧しており、南朝方の大勢力であった。上杉氏も、上《こう》野《ずけ》・越後《えちご》方面であなどれない勢力を有していた。こうした強大な勢力が次々と幕府に帰参したことによって、パワーバランスは幕府側に大きく傾き、もともと劣勢だった南朝はますます不利となった。南朝は、本拠地近くの畿内南部に勢力を保つ以外は、ほぼ唯一九州で征西将軍宮《せいせいしょうぐんのみや》懐良《かねよし》親王が圧倒的優勢を誇るのみとなったのである。

余談ながら、南北朝史家小川信は、細川頼之《よりゆき》を高く評価するが、頼之の政敵斯波高経に対する評価は非常に低い。それはもう酷評、と言うよりほとんど全否定である。その理由は、彼が戦下手だったことに尽きる。それでも斯波氏が幕府ナンバー2の管領《かんれい》家として生き延びた理由については、同氏の高い家格に求めている。

しかし、右に述べた斯波政権の実績も踏まえると、その評価は過小で一面的だと思う。斯波氏には斯波氏の長所があったのである。単に家柄が優れているだけでこの激動の時代を勝ち残り、管領家として定着できるわけはないのではないだろうか。

「雪どけ」

斯波氏は、貞治五年（一三六六）八月に幕府内での権力抗争に敗れ、失脚した。その後は執事が置かれず、将軍義詮が単独で政務を執る体制となった。例の下文《くだしぶみ》施行状《しぎょうじょう》も、義詮が自ら独占的に発給する体制となった。

しかし、幕府の融和政策は継承された。義詮は、今度は南朝そのものと講和しようとした。戦況が一層優勢になったにもかかわらず、南朝を武力で討伐するのではなく、話し合いで問題を解決する路線を採用したのである。

話は前後するが、貞治四年四月、後村上《ごむらかみ》天皇臨席の下、摂津《せっつ》国四天王寺《してんのうじ》で金堂上棟式《こんどうじょうとうしき》が行われた。このとき幕府からも馬が献じられたという（『師守記《もろもりき》』同年四月二六日条頭書）。

貞治六年には、幕府方佐々木導誉《ささきどうよ》と南朝方楠木正儀《くすのきまさのり》との間で和平交渉が行われた。このときの交渉はかなりいいところまで進んだ。さすがの強硬派の後村上天皇も、戦況が極度に悪化しているので話し合いに応じる気になったのであろう。二〇世紀後半の米ソの冷《れい》戦《せん》時代に喩えれば、「雪どけ」といったところであろうか。

ちなみに、かつて南朝軍に攻め込まれて京都から逃れた導誉は自邸に遁世者《とんせいしゃ》を残し、そこに進駐してきた正儀を丁重に接待させたという。これは『太平記』巻三七に記されたエピソードであるが、ここからも窺えるように導誉と正儀には敵味方を越えた深い交流があった模様である。現代の議会政治になぞらえれば、さしずめ与野党の国会対策委員長同士によく芽生える親密な関係といったところか。

同年四月、ついに南朝勅使《ちょくし》葉室光資《はむろみつすけ》が入京する段階まで交渉は進んだ。しかし、光資が持ってきた後村上天皇の綸旨《りんじ》に「義詮の『降参』を許す」とあったので、義詮が激怒して決裂した。導誉は義詮に厳しく叱責されたらしい。

楠木正儀の幕府帰参

その後、楠木を通じて交渉が再開された模様である。しかし、同年末に義詮が死去、翌応安元年（一三六八）三月には後村上天皇も崩御《ほうぎょ》した。幕府と南朝のリーダーが相次いで亡くなったので、講和交渉はまったくの白紙に戻ってしまった。

新たに即位した南朝の長慶《ちょうけい》天皇は、次節でも述べるが徹底した主戦論者であった。そのため、講和派の楠木正儀とはまったく反りが合わなかったらしい。正儀は、前年の交渉の失敗もあって主戦論が主流となった南朝内部で浮き上がり、居場所がなくなったようである。

一方室町幕府では、義詮嫡子の足利義満《あしかがよしみつ》が三代将軍となった。しかし、義満はまだ一〇歳の少年であった。後年室町幕府の全盛期を築いた大政治家義満であるが、このときはまだ子どもである。長慶天皇以下南朝主戦派の台頭には、将軍の代替わりによる幕府の政権基盤の動揺もあったかもしれない。

ともかくそうした事情のため、細川頼之《ほそかわよりゆき》が管領に就任して幼少の将軍に代わって幕政を主導した。将軍補佐役である執事はその権限を拡張させ、この頃から「管領」と称されるようになった。将軍の命令を伝達し、その執行を命じる管領施行状のシステムが確立したのもこの頃である。つまり、室町幕府体制の基本フォーマットが完成したのだ。

細川氏は斯波氏とは政敵の立場にあったが、融和路線は継承したらしい。というわけで頼之は、南朝内で立場が悪化した正儀に勧誘の手を差し延べた。正儀もこれに応じ、遂に応安二年、南朝を裏切って幕府方に寝返った。

寝返りの見返りとして、正儀は幕府から河内《かわち》・和泉《いずみ》二ヵ国の守護《しゅご》に任命された。さらに摂津《せっつ》国住吉《すみよし》郡の領有も認められた。これは、現在の大阪府にほぼ匹敵する領域である。

周知のごとく、現代の大阪府は東京に次ぐ日本第二の大都市圏である。南北朝時代においても、交通の要衝に位置する軍事的・経済的に重要な地域であった。

そのため多くの武将がこれらの守護職を狙って争い、南北朝期には守護の交代が最も激しい部類の国々であった。室町期には、摂津国は管領細川氏の分国となった。同氏の勢力圏である四国と京都を結ぶ交通路に位置し、まさに広大な細川領国の心臓部となったのである。河内国は管領畠山氏が領した。これも同氏の分国紀伊《きい》と京都の間にある。

和泉国は、最終的には応永一五年（一四〇八）以降、細川氏の分家二氏が領域を分割せずに共同で統治する体制となった。他国に類を見ない特殊な形態であるが、これは和泉が当時の国際貿易都市 堺《さかい》を有するため、一人に守護を任せると力を持ちすぎて将軍を脅かすことが心配されたためであるようである。これに関連して、応永六年に起こった応永の乱で、当時和泉守護だった大内義弘《おおうちよしひろ》が堺に籠城して義満に対抗した事実も想起されるだろう。

なお、摂津・河内は平安時代には清和源氏《せいわげんじ》の本拠地であった。軍事的・経済的に重要であるだけでなく、清和源氏の足利氏にとって祖先の聖地と言える領域を楠木氏に与えたイデオロギー的な意味も重要だったかもしれない。

ともかく、これだけ大事な地域をすべて幕府は楠木正儀一人に与えたのである。もっともこの地方はもともと楠木氏の地盤であるので、同氏が今までに実効支配を成し遂げていた地域や権益をそのまま認めた側面も大きいのであるが、破格の厚遇であることには変わりない。なお、正儀は南朝から左兵衛督《さひょうえのかみ》に任命されていたが、それは北朝においてもそのまま承認され、やがて中務大輔《なかつかさだゆう》に任命された。

正儀の歴史的評価

さて、こうした正儀の「変節」が、南朝忠臣史観にとってきわめて都合が悪いことは容易にご理解されるであろう。何しろ、大楠公正成《だいなんこうまさしげ》の子で小楠公正行《しょうなんこうまさつら》の弟が、公然と寝返って幕府の守護に収まったわけであるから。比較的有名な話であるが、すでに『太平記』の段階で、正儀の評価は父や兄と違って少々優柔不断で決断力に欠けているとあまり芳しいものではない（巻第三二）。

南朝正統史観が優勢になった江戸時代には、正儀の幕府帰参の史実自体が疑われたりしたという。いつの世も人間は、自分が見たくない現実から目を背ける癖があるものだ。頼山陽《らいさんよう》の『日本外史《にほんがいし》』も、「正儀には深い考えがあったのだろうか」と歯切れの悪い書きぶりで、結局「史料が散逸しているので真相を突き止めることはできない」と判断を保留している。

近代の皇国史観《こうこくしかん》全盛の時代には、楠木の名声を汚す不届き者として、正儀は非難や中傷を浴びていたようである。それでは、同史観の本家である平泉澄は正儀についてどう述べているのだろうか。これについて筆者は少々調べてみたが、どうも平泉が正儀に言及した論文や著書は存在しないようなのである。「変節」に関してどころか、正儀の名前さえも一切出さないほどの徹底したものだったらしい。

「らしい」と断定できないのは、平泉が膨大な数と分量の論文や著書を発表した大学者であり、にもかかわらず終戦による歴史観の大転換によって現代なお全集が刊行されていないので、現在彼の著作を全部検証することが事実上不可能に近いからである。

だが、少なくとも主要な著書で彼が正儀の存在を完全に無視したとは確実に言えそうだ。平泉にとって楠木正儀とは、論評する価値のない人物だったのだろう。

正儀の正義感

正儀は回顧録などを残していないから、彼の真意や胸中は究極のところ不明である。しかし、筆者なりに忖度《そんたく》すると、正儀は正儀なりに正義感があり、日本の将来を考えた上で、こうした「変節」を犯したのではないだろうか。

南朝と幕府の力は、もはや天と地ほどもかけ離れてしまった。幕府に軍事的に勝利できる可能性は、現実的には万に一つもない。

かつて、幕府を裏切った細川清氏を主力として四度目の京都侵攻を南朝が計画したとき、正義は「京都を占領するだけなら清氏の力を借りるまでもなく、私一人でも簡単にできます。しかし、圧倒的多数の全国の武士が幕府を支持しているので、占領しても短期間ですぐに敵に奪い返されるでしょう」と異論を唱えたという（『太平記』巻第三七）。この現状認識の正確さには驚かされる。

また、いつの時代もそうであるが、戦争によって戦闘員以外の多数の人間が命を奪われ、生活を破壊されて苦しめられるのも確かである。ならば、一刻も早くこの勝ち目のない戦争を終わらせるべきだとも正儀は考えたのではないだろうか。こうした撫民思想《ぶみんしそう》については、南北朝合一《ごういつ》を実現した南朝の後亀山《ごかめやま》天皇も後年同様のことを回想で語っている（『吉田家日次記《よしだけひなみき》』応永九年〈一四〇二〉三月二〇日条）。従って、当時の南朝首脳部の中にこうした思想を有する一派が存在したのは確かであると思われる。

右に述べた二つの理由によって、講和交渉で可能な限り有利な条件を勝ち取って平和な世の中を取り戻すしかないし、幸運なことに敵もそれに乗り気である。それなのに愚かな上層部は主戦論しか頭にない。こんな状況に嫌気が指したところに、敵が莫大な権益を提示して誘ってきたら寝返ったところで当然ではないだろうか。裏切って打撃を与えることで目を覚まさせてやろうくらいは考えたのかもしれない。

南朝軍の一斉蜂起

しかしながら、正儀の幕府帰参はただちには幕府に利益をもたらさなかった。橋本正督《はしもとまさみヵ》・和田正武《にぎたまさたけ》といった河内・和泉の南朝方の諸将がこれに激怒して挙兵し、正儀に猛攻撃をしかけたからである。管領細川頼之は援軍を派遣して正儀を救援したが、長慶天皇が河内国に臨幸《りんこう》して南軍を督励したこともあり、幕府軍は守勢一方となった。また、当時は河内・和泉だけではなく、伊勢《いせ》・越中《えっちゅう》・伊予《いよ》・九州などでも南朝が攻勢をかけていた。

そこで頼之は南朝に講和を持ちかけたが一蹴された。一般論として、戦争において有利な勢力は、不利な敵から和平を持ちかけられても応じないのが普通ではないだろうか。力だけでは問題は解決しないと筆者は先に述べた。しかし、力の保証のない話し合いが無意味であるのもまた真実なのである。

もっとも冷静に見れば、この時期においても幕府が南朝を圧倒している事実には変わりない。あくまでも、じり貧の中でたまたま攻勢に出ていただけである。しかし、こういうときの劣勢な側は一縷の希望にすがるものであろう。

幕府軍のサボタージュ

講和に失敗した頼之は、南朝を力で抑えつける方針に転換した。河内方面には、弟頼基《よりもと》を総大将として各国守護からなる大軍を編制して楠木救援に向かわせた。室町幕府が得意とする大量物量作戦で、時に応安四年（一三七一）五月のことである。

しかし、せっかくの大軍なのに幕府軍の士気はまったく上がらなかった。彼らはさまざまな言い訳をして、淀川《よどがわ》を渡ることさえしなかったのである。これはなぜであろうか。理由は二つ考えられる。

一つは、幕府内部に管領細川頼之に反発する勢力が広範に存在したことである。前述したように、貞治五年八月に細川氏の政敵斯波《しば》氏が失脚した。しかし、翌六年七月、斯波高経が越前で死去すると、将軍義詮はすぐさま同氏を赦免し、八月末には高経の子義将が上洛した。足利将軍家は、斯波氏を殲滅する意図など微塵も持っていなかったのである。

斯波氏復帰後、同氏を中心に、主に旧直義党の守護たちが結集して反細川勢力を形成していた。こうした「野党」は、「与党」のやることは基本的に何でも気にくわないだろうし、特に与党の実績になりそうなことはいろいろと難癖をつけて足を引っ張ろうとするであろう。頼之は、事あるごとに斯波勢力に政策遂行を妨害されたのである。このあたり、まるでどこかの国の議会政治を彷彿とさせる。

そもそもこの執事―管領というのは、上は将軍に無理難題を強要され、下は守護から権益を要求されて突き上げられる。その仕事の大半は、利害が対立することの多い将軍と守護の権益の調整である。幕府ナンバー2の将軍補佐役と言いながら、上下の板挟みとなり、地位の高さに比して見返りが少ない損な役回りであった。初代執事高師直《こうのもろなお》からこの細川頼之に至るまで、ほとんど全員最後は失脚あるいは敗死している。唯一畳の上で死ねた例外は仁木頼章《にきよりあき》くらいのものであるが、弟の義長が頼章死後に失脚したことは前述したとおりである。頼之以降の室町期の管領も基本的にこの構図は変わらず、細川・斯波・畠山の三管領家は就任を嫌がるし、就任しても頻繁に辞任したがったのである。

もう一つの理由は、幕府に帰参した楠木正儀への反感である。

大楠公正成に始まる楠木氏の武勇は南北朝時代の当時から著名で、日本人の賞賛の的であった。足利氏寄りの歴史書として有名な『梅松論』でさえ、「深謀遠慮の勇士」「賢才武略の勇士」「敵も味方も彼の死を惜しんだ」などと彼に最大限の賛辞を送っている。

実は将軍足利義詮も楠木氏の大ファンで、小楠公正行の首塚の隣りに自分の墓を作らせたほどであった。京都市右京区嵯峨の宝筺院《ほうきょういん》に今もそれらが残る。ちなみに宝筺院とは

11　楠木正行首塚と足利義詮墓（宝筐院）
向かって右が正行の首塚，左が義詮の墓である．

義詮の法名である。当初は「善《ぜん》入《にゅう》寺《じ》」といったが、八代将軍義政《よしまさ》の頃に義詮にちなんで改称されたという。敵の大将にそこまで賞賛される正行も立派だが、敵であっても優れた力量を認め、賞賛した義詮の器も実は非常に大きいと筆者は思う。

そうは言っても、幕府の諸将にとっては、楠木氏は長年戦ってきた憎い仇敵である。その楠木氏がいきなり幕府方になっただけではなく、莫大な権益の保有を認められた。これでは昔から裏切らずに一途に幕府に尽くしてきた武士たちが憤慨しても仕方がないのではないだろうか。

かつて貞治二年、山名時氏《やまなときうじ》が幕府に帰参したときも、それまで山名氏が実力で制圧した伯耆《ほうき》・因幡《いなば》・美作《みまさか》・丹後《たんご》・丹波《たんば》五ヵ国の守護職を認められた。そのため長年幕府に忠実だった武士たちは、「たくさんの所領を持とうと思ったら、幕府に敵対すればいいんだな」と嫌味を言って憤慨したという（『太平記』巻第三九）。一時的に南朝に属していたにすぎない山名氏でさえこう批判されるのであるから、一貫して南朝方だった楠木氏に対する反発は相当なものであったろう。

要するに、楠木正儀の幕府帰参に激怒して蜂起した南朝軍と、同じく正儀の帰参にしらけた幕府内の斯波派諸将は、ある意味では利害や感情が一致した「味方」同士だったのである。こんな状況では南朝討伐が進展しないのも当然であろう。

管領細川頼之の辞任騒動

命令に従わない幕府軍に激怒した細川頼之は、管領を辞任して出家すると称して京都郊外の西芳寺《さいほうじ》に向かった。これを知った将軍義満は、播磨《はりま》守護赤松則祐《あかまつそくゆう》らとともにこれを追いかけ、自ら慰留した。ちなみに赤松氏は一貫して細川与党であった。将軍直々に慰留された頼之は、辞任を思いとどまって帰京した。

現代の政治家も、権力闘争において不利なときに敢えて自分から辞任を申し出、慰留されて辞任を撤回することで求心力を維持する手段をよく使う。筆者はこれを「辞任カード」と呼んでいるが、南北朝期にも現代とまったく同じ政治手法が用いられているのはすこぶる興味深い。もっとも、そういう打算や戦略は抜きにしても、一生懸命がんばっているのに周囲が理解してくれなければ辞めたくなる気持ちもよく理解できる。

ともかく将軍が管領を支持したので、幕府軍はようやく淀川を渡った。しかし、厭戦気分が蔓延しているのに、たやすく戦意が高揚して戦果が出るわけもない。この後も、南朝軍と戦ってもいないのに撃破したと嘘までついて、正儀一人を残して帰京するなどしたため戦争は長期化した。

だが、幕府軍が物量・兵力ともに圧倒的に勝っていたのも確かである。応安六年（一三七三）八月、幕府軍は当時長慶天皇の行宮《あんぐう》があった河内国天野《あまの》にせまり、南朝重臣四条《しじょう》隆俊《たかとし》以下多数の南朝兵を討ち取った。これで天皇はまた吉野へ撤退し、幕府は一応河内平定に成功した。

結果的に、南伊勢の北畠《きたばたけ》氏を別とすれば、畿内の南朝の軍事力を実質的にほとんど一人で支えていた大黒柱の楠木正儀が幕府方に寝返ったことで、南朝の軍事力は一層低下し、幕府の覇権確立に向けて大きく前進する効果をもたらしたと評価できよう。

しかし、楠木正儀の晩年は不遇であった。

晩年の正儀

永和四年（一三七八）、橋本正督が再度南朝方として紀伊で挙兵した。当時の紀伊守護は細川一族の業秀《なりひで》であったが、管領細川政権の求心力が一層低下していたこともあって、諸大名は業秀にまったく非協力的であった。そのため業秀は大敗し、淡路島《あわじしま》に撤退してしまう。

これに激怒した将軍義満は、紀伊守護を山名義理《やまなよしまさ》に、和泉守護を楠木正儀から山名氏清《うじきよ》に交代させる。旧直義党の山名氏は斯波派で、細川氏の政敵である。つまり、このとき正儀は、細川派として敗戦の責任を負って和泉守護を罷免されたのである。また、摂津国住吉郡の権益も、このとき正儀から氏清が奪った。

南北朝時代は、日本史上数少ない徹底した実力主義の時代である。いくら勲功を積み重ねて名声を獲得し、莫大な利益を保有しても、その後失敗すればすべてを失ってしまいかねない。有能な人間にとっては魅力あふれる時代であったろうが、その反面実にハードで怖い側面もあったのである。

ともかく、新守護に任命された山名一族は今度は俄然やる気を出して本気で戦い、あっさり紀伊の南朝軍を鎮圧してしまう。これで細川氏の威信はますます低下した。

そして翌康暦元年（一三七九）、遂に管領細川頼之は失脚し、四国に没落する。いわゆる「康暦《こうりやく》の政変《せいへん》」である。管領は政敵斯波義将に交代。頼之という後ろ盾を失い、幕府に居場所がなくなった楠木正儀は、永徳二年（一三八二）にふたたび南朝方に転じる。このとき、正儀が持っていた唯一にして最後の守護分国河内は畠山基国《はたけやまもとくに》に与えられた。

「復党」した正儀は、南朝から参議《さんぎ》に任命される。衰退しきった政権からとは言え、一介の地方武士が立派な公卿の一員に遇されたのだから大したものである。

しかし南朝帰参の直後、正儀は河内国平尾《ひらお》で和泉守護山名氏清軍に大敗を喫した。一族六人および家来一四〇人戦死という大損害を蒙り、赤坂《あかさか》城に逼塞《ひっそく》させられてしまう。以降、楠木氏が歴史の表舞台に登場することはなくなってしまったのである。

南朝天皇の兄弟喧嘩——後亀山天皇 対 長慶上皇

南朝の衰退

ここで少し話を戻して、楠木正儀《くすのきまさのり》が室町幕府に帰順した応安《おうあん》頃の全国情勢を瞥見してみよう。

当時南朝の本拠地があった河内《かわち》・和泉《いずみ》・紀伊《きい》あたりでは、すでに詳述したように、正儀の変節に憤慨した南朝方が一大攻勢に出ていた。が、紆余曲折はあったにせよ、結果的に幕府はこの地域の平定に成功した。正儀は後に再度南朝方に転じるが、山名《やまな》氏に完全にとどめを刺されたのも前述したとおりである。

伊勢《いせ》国は伝統的に国司北畠《こくしきたばたけ》氏の勢力範囲で、南朝はこの方面でも攻勢をかけていた。管領細川頼之《かんれいほそかわよりゆき》は伊勢にも細川一族を中心とする遠征軍を派遣し、一進一退の攻防を演じたが、ともかく北畠氏を封じ込めることに成功した。北畠氏は南伊勢の有力な大名として戦国時代まで生き残るが、もはや幕府を脅かす力はなくなった。

越中《えっちゅう》国では桃井《もものい》直常《ただつね》が反乱を起こしていた。直常は元は足利直義《あしかがただよし》派の越中守護《しゅご》で、観《かん》応《のう》の擾乱《じょうらん》以来南朝方に属して幕府と戦っていた。貞治五年（一三六六）、斯波《しば》氏が失脚すると幕府に帰参し、弟の直信《ただのぶ》が越中守護に任命された。しかし、翌年斯波氏が復帰するとふたたび南朝に寝返り、挙兵したのである。

旧直義党の武将の中では、例外的に桃井氏は斯波氏と犬猿の仲だったようである。ほぼ一貫して幕府に敵対し続けた桃井氏に対して、日和見体質の斯波氏は戦況がわずかでも不利になると頻繁に幕府に帰順していたから、この不徹底さを桃井氏は嫌ったのかもしれない。

ただし後年の話であるが、桃井直信の子詮信《あきのぶ》は歌人として有名で、和歌の世界では斯波義将《よしゆき》と親密な交流があった。この点、政界では後醍醐《ごだいご》流と対立していた恒明《つねあきら》《つねあき》親王の子息仁誉法親王《にんよほっしんのう》が南朝護持僧《ごじそう》として活躍したことを彷彿とさせる。

それはともかく、直常の再挙兵後、北陸方面ではその斯波義将が越中守護に任命された。義将は能登《のと》守護吉見氏頼《よしみうじより》・加賀《かが》守護富樫竹童丸《とがしちくどうまる》らと連合軍を編制し、越中に攻め込んで桃井氏の息の根を完全に止めた。

ちなみに斯波氏がこの勝利を収めた頃、政敵の管領細川氏は河内方面の南朝軍にいまだに苦戦していた。それもあって、斯波義将の完勝は細川頼之の威信低下につながった模様である。

戦争の結果で力量が評価されるところはやはり武家政権である。タカ派の細川氏、ハト派の斯波氏とは言っても、これはあくまでも相対的な評価である。両者とも鳥類で、いずれも肉を食べる事実には変わりない。また、この点は地方の選挙結果が中央政界に影響を及ぼす現代政治を彷彿とさせて興味深い。

伊予《いよ》国では、この地方の伝統的な豪族である河野《こうの》氏が南朝方として戦っていた。当時、四国はすべて細川氏の守護分国《ぶんこく》であり、同氏の脅威に対抗する意味もあって河野氏は南朝方に転じたのである。しかし、康暦《こうりやく》の政変《せいへん》で細川氏が失脚すると、河野氏は幕府に帰順し、今度は幕府方の伊予守護として細川氏と戦争を続けた。その後も両氏は一進一退の攻防を続けるが、永徳元年（一三八一）に河野氏の伊予守護が承認される形で決着がついている。ただし、細川氏がそれまで実効支配していた伊予東部の新居《にい》・宇摩《うま》両郡は同氏の領有に帰した。

その他、中部地方で南朝の拠点構築を目指した宗良《むねよし》親王も、三〇年間放浪して何の戦果も挙げることができず、至徳二年（一三八五）に吉野で没した。七五歳だったという。その他の地方の南朝勢力も完全に逼塞しており、南北朝内乱は事実上終了していた。

このように全国各地で南朝が劣勢に陥る中、唯一強大な勢力を保持したのは九州の征西《せいせい》将軍宮《しょうぐんのみや》懐良《かねよし》親王である。懐良は一時は九州全土を制圧し、一〇年以上も幕府の攻撃をまったく寄せつけなかった。将軍足利義詮《よしあきら》時代に九州探題《たんだい》に任命された渋川義行《しぶかわよしゆき》に至っては、九州に上陸することさえできずにむなしく撤退したほどである。

しかし、管領細川頼之が今川了俊《いまがわりょうしゅん》を九州探題に任命して派遣すると、一三八〇年代頃から懐良の勢力もようやく衰えた。永徳三年には懐良も、封じ込められた筑後《ちくご》の山奥で死去した。南朝はいよいよ窮地に追い込まれたのである。

和平派後亀山天皇の即位

こうして全国の南朝勢力は相次いで敗退あるいは幕府に帰参し、消滅ないし衰退に追い込まれた。このような情勢下、吉野では長慶《ちょうけい》天皇が退位し、弟の後亀山《ごかめやま》天皇が即位した。

長慶天皇は『源氏物語《げんじものがたり》』の注釈書『仙源抄《せんげんしょう》』を著したことでも知られるが、実は皇位に就いていたかどうかさえもはっきりせず、江戸時代以来論争が続いていた天皇である。

大正一五年（一九二六）にようやく即位が承認されて、詔書《しょうしょ》によって正式に皇統に加えられた。しかし、即位と退位の正確な年月日についてはいまだに不明で、諸説ある状況である。このことからも窺えるように、この時期の南朝は、肝心の天皇に関する史料さえほとんど残っていないほど衰退していたのである。

この譲位の背景には、南朝内部の深刻な路線対立があったらしい。兄の長慶天皇は徹底した抗戦論者であったという。裏切り者の楠木正儀を倒すために河泉方面の南朝軍が蜂起したとき、長慶は自ら吉野を出て河内国の天野行宮《あまのあんぐう》に進出し、南軍を激励した。管領細川頼之が講和を提案した際にもそれを一蹴した。対して、弟の後亀山天皇は和平論者だった模様である。長慶から後亀山への譲位は、全国的な南朝勢力の退潮の中、南朝内部で主戦派が後退し、和平派が台頭したことの現れである。これが古来からの定説であるが、おそらくそのとおりであると思われる。

ところで、退位した長慶上皇が紀伊国丹生明神《にぶみょうじん》に納めた自筆の祈願文が残っている。これがなかなか興味深いので紹介しよう。

元中二年（一三八五、北朝至徳二）九月一〇日付長慶上皇願文《じょうこうがんもん》（紀伊高野山《こうやさん》文書『宝簡《ほうかん》集《しゅう》』三九）

敬白
発願《ほつがん》事
右、今度の雌雄思いの如くんば、殊に報賽《ほうさい》の誠を致すべきの状、件《くだん》の如《ごと》し、
元中二季九月十日　太上《だいじょう》天皇寛成《ゆたなり》敬白

（大意）敬白、発願事
右、このたび雌雄を決することにつきまして、私の願いどおりにかないましたならば、特に念入りに祈願成就のお礼をいたします。
元中二季九月十日　太上天皇（長慶上皇）寛成〈敬白〉

ここに見える「今度の雌雄」を決する相手について、後亀山天皇であるとする説と北朝—室町幕府とする説が昔から並立している。前者であれば、本文書は当時の南朝に内紛が存在した事実を立証する貴重な史料となる。しかし、関連史料も乏しいので、両説のいずれが正しいかを確定することは残念ながら不可能である。もっとも仮に後者だったとしても、主戦派の長慶と和平派の後亀山に路線対立が存在したことを窺わせるとする佐藤進一氏の見解は不動であろう。

またこの時期、南朝の命令は当然後亀山天皇の綸旨《りんじ》で発されたが、一方で長慶上皇の院《いん》

宣《ぜん》もわずかではあるが残存している。これも、天皇兄弟の不和によって南朝の命令系統が分裂していたことを反映するのかもしれない。

南北朝合一

ともかくこうした長慶ら主戦派の悲憤を尻目に、当時の南朝主流派であった後亀山ら和平派は、室町幕府と和平交渉を着々と進めていった。

明徳二年（一三九一）に起こった明徳《めいとく》の乱で山名《やまな》氏の勢力が大幅に削減された。当時山名氏は一族で一一ヵ国の守護職を務めて「六分一衆《ろくぶんのいちしゅう》」などと言われていたので、警戒した将軍足利義満《よしみつ》に討伐されたのである。失脚して幕府と敵対した従来の武将と同様、この乱でも山名氏は南朝の錦旗《きんき》を掲げて戦ったが、もはやそんなものは微塵も役に立たず、全盛期を迎えた幕府のパワーで一瞬で粉砕された。乱後、倒された山名氏清《うじきよ》が守護を務めていた和泉国、同じく山名義理《よしまさ》の分国紀伊は、いずれも大内義弘《おおうちよしひろ》に恩賞として与えられた。こうして、勢力圏が南朝の本拠地大和《やまと》国吉野と接することになった大内義弘の主導で和平交渉が推進されたのである。

そして翌明徳三年、南朝と北朝—室町幕府はついに講和した。後亀山天皇が吉野を出て京都に向かい、大覚寺《だいかくじ》において三種の神器《じんぎ》を北朝の後小松《ごこまつ》天皇に渡し、譲国《じょうこく》の儀式を行う体裁をとった。このときの後亀山の行列は、六〇人にも満たないわびしいものだったら

12　大　覚　寺

南北朝合一の儀式が行われた正寝殿と呼ばれる建物である．合一後，後亀山上皇は大覚寺に住んだ．

しい。後述するように長慶以下主戦派が抜けていたことを差し引いても、南朝が極限まで衰退しきっていたのは確実であろう。

ここに南朝と北朝はようやく合体し、およそ六〇年ぶりに一つの朝廷に戻った。いわゆる「南北朝合一《なんぼくちょうごういつ》」である。

以上に見た後亀山の動向を、兄の主戦派長慶が快く思うはずは当然ない。明徳二年頃には、九州の後征西将軍《のちのせいせいしょうぐんの》宮《みや》でさえ長慶上皇の居場所を知らなかった形跡がある（後征西将軍宮カ書状、筑後五条《ごじょう》文書四〇号〈『熊本県史料　中世編第四』〉）。

ちなみに後征西将軍宮というのは、

征西将軍宮懐良親王の後継者である。後村上天皇皇子良成《よしなり》親王とするのが一応定説であるが、実はこれも史料が乏しくてよくわからない。そのような人物でさえ所在地を知らないというのであるから、この時期の長慶の状況は推して知るべしである。

というわけで、後亀山の帰京にも長慶はもちろん同行していない。いつ、どこで崩御《ほうぎょ》したのかさえ不明なのである。

後南朝

ところで、今回の講和条件の中には両統迭立《りょうとうてつりつ》の履行があった。皇統が分裂して一世紀以上を経たこの時期になってもこの概念が残っていたことにまず驚かされる。

しかし、幕府はこの条件を遵守する意志は毛頭なかった。建武の成良《なりよし》親王立太子《りったいし》の頃ならともかく、この段階に至ってはあまりにも政治情勢が変わりすぎていた。当時幕府を悩ませていたのは、むしろ北朝内部の後光厳《ごこうごん》系統と伏見宮《ふしみのみや》系統の対立であろう。本来は北朝の嫡流であった伏見宮家でさえ皇位に就けずに苦しんでいたのに、もっと血筋が離れて赤の他人同然であった南朝に出る幕がないのも致し方のないところであった。

応永一七年（一四一〇）、室町幕府は四代将軍足利義持《よしもち》の時代となっていた。このとき、後小松天皇の皇子躬仁《みひと》親工が次期天皇に内定すると、当時京都の嵯峨《さが》に住んでいた後亀山法皇は幕府の違約に抗議し、吉野に出奔した。二年後、予定どおり躬仁が即位して称光《しょうこう》天皇となると、旧南朝の伊勢国司北畠《きたばたけ》満雅《みつまさ》が挙兵したが、当時は室町幕府の全盛期にあたっており、いささかの影響も与えなかった。後亀山も応永二三年にはふたたび京都に戻った。

その後も応仁の乱の頃まで、後亀山系統（小倉宮《おぐらのみや》）を中心に、時折南朝の残党が蜂起した。こうした旧南朝の残存勢力を歴史用語で「後南朝《ごなんちょう》」と呼ぶ。三種の神器の一つである神璽《しんじ》を強奪する事件を起こすなど、後南朝の歴史はいろいろと興味深い。しかし、本書のテーマからははずれるので割愛する。詳細は、森茂暁氏の一連の著作があるのでそちらを参照されたい。

教訓

南朝の内紛が教えてくれるもの

「相対化」される「南朝忠臣史観」

改めて再検討されるべき南朝忠臣たち

以上、建武《けんむ》政権―南朝の内紛の歴史について紹介してきた。ここまで読み進めてこられたみなさんは、どのような感想を持たれたであろうか。南朝も、室町幕府に負けず劣らず内輪揉めが多かったことはご理解いただけたと思う。ほぼ恒常的に何らかの対立関係が存在した模様である。

しかも再三述べるように、北朝―室町幕府と比較して、南朝関係の史料は圧倒的に少ない。数少ない史料の中からこれだけの内紛が判明するのである。文献に残らず現代に伝わらなかった内紛まで含めれば、実際はもっと多かった可能性さえ存在するのである。

しかしこれだけ多くの事例を列挙しても、なお次のような反論があるかもしれない。

「南朝にも内紛が多かったのは確かにわかった。たくさんの人間がいる集団ではそうしたことがあるのもそのとおりだろう。しかし一方では、楠木正成《くすのきまさしげ》や北畠顕家《きたばたけあきいえ》といった後醍《ごだい》醐《ご》天皇に完全にどこまでも忠実に尽くし、また人間的にも優れた臣下が存在した事実もやはり動かないのではないか」と。

だが、これもよく知られた事実であるが、彼ら「忠臣の中の忠臣」でさえ、実は後醍醐の方針にすべて賛同しているわけではなかった。君主の政治に異論を唱え、時に激しく批判する場合さえあった。天皇に反逆しないまでも、人間的には高師直《こうのもろなお》たち婆娑羅《ばさら》大名といい勝負で、道徳的に優れているとはお世辞にも言えない者もいた。楠木正成と北畠顕家を中心に、そうした「謀反を起こすまでには至らなかったが、後醍醐に反対したり、人格面で問題があった者たち」について検討してみたい。

足利尊氏との講和を目指した楠木正成

まずは楠木正成。建武の戦乱の頃、一時建武政権軍が圧勝し、足《あし》利尊氏《かがたかうじ》を九州に没落させた直後、正成は後醍醐天皇に予想外の戦略を奏上《そうじょう》したという。

『梅松論《ばいしょうろん》』

義貞《よしさだ》を誅罰《ちゅうばつ》せられて、尊氏卿《きょう》をめしかへされて、君臣和睦《わぼく》候へかし。御使におひ

13　楠木正成像（東京都千代田区皇居外苑）

ては正成仕《つかまつ》らん。

（大意）新田《にっ》義《た》貞を誅罰し、足利尊氏を建武政権に復帰させて、君臣で和睦をなされませ。その交渉の使者については、この楠木正成が勤めましょう。

『梅松論』によれば、このとき楠木正成は、何と忠臣の新田義貞を打倒し、逆賊の足利尊氏と講和することを天皇に勧めたとのことである。その交渉の使者には自ら名乗り出るという熱心さである。

しかも繰り返すとおり、これは足利軍を九州に追い払い、戦勝に沸き返っているときになされた提言なのである。

『梅松論』は、前にも述べたが足利氏に好意的な立場で書かれた歴史書である。そのため皇国《こうこく》史《し》観《かん》の歴史学者からはほとんど無視されてきた。確かに鵜呑みにできない記述もある。しかし、すべての記事を全否定するのも根拠に乏しいと言わざるを得ない。

前述したように、足利尊氏の挙兵の実態が建武政権の内紛であったこと、尊氏自身は後醍醐天皇に親愛の情を強く持っており、この戦いに消極的であったと考えられること、そして多くの武士が尊氏を支持しており、それ故この戦争が最終的に足利氏の勝利に帰して室町幕府樹立につながったことを考慮に入れると、状況的に見て正成がこのような献策を行った可能性は相当高いと見るべきではないだろうか。

また、これもすでに述べたように、楠木正成の子正儀《まさのり》は一貫して講和論者であり、幕府との和平交渉を積極的に進めている。それどころか後に南朝を裏切って幕府方の守護《しゅご》となり、南朝軍と戦ったほどである。この事実を見ても、早急に足利氏と手を組むべきだという発想が、楠木氏に正成の頃からあったとしても全然不思議ではないのである。

しかし正成のせっかくの策は、後醍醐天皇の受け入れるところとはならなかった。これには繰り返すとおり、足利軍に圧勝した直後だった事情も大きかったであろう。凡庸で視野の狭い公家たちには、尊氏の姿はかつて都落ちして九州へ没落した平家の二の舞にしか見えなかったことであろう。

だが見方を変えれば、尊氏に勝った今だからこそ、有利な条件で講和可能な状況なのである。それはともかく、このような大胆な提言を行う正成の先見の明と言うか情勢判断の的確さは、皇国史観とは別の意味でまさしく天才武将にふさわしいと思う。

続いて『太平記《たいへいき》』巻第一六によれば、九州に逃れた尊氏が体勢を立て直し、大軍を率いてふたたび京都を目指して進軍してきたとき、正成は再度天皇へ献策を行っている。すなわち、尊氏の一度目の京都占領時と同様、後醍醐天皇はひとまず比叡山へ撤退し、京都を足利軍に明け渡す。そして後醍醐軍が京都周辺に展開して足利軍の補給路を遮断して疲弊させ、頃合いを見計らって東西から足利軍を挟撃して一気に殲滅する作戦である。

前述の大胆な和睦策と比較すれば穏当な進言に見える。しかし、足利軍を正面から迎撃する建武政権の戦略に異議を申し立てている点には変わりあるまい。このときは、参議坊《さんぎぼう》門清忠《もんきよただ》が猛反対した。すなわち、①一度も戦わずに首都を敵に占領させる恥ずかしい真似ができるか、②一年間に二度も天皇が比叡山に逃げる情けない真似ができるか、以上二つの理由によってである。いずれもいかにも戦争を知らない公家が唱えそうな無意味な精神論である。

結局この献策も受容されることなく、楠木正成は敗北必至の戦場へむかった。『梅松論』によれば、正成は尼崎《あまがさき》から京都へ「天皇陛下はもはや国民の支持を受けておりませんので、今度の戦いは必ず負けるでしょう。正成が生き延びても無益ですので、誰よりも真っ先に戦死いたします」と宣言したという。激烈な政権批判と言うか、これ以上ない捨て台詞である。無能な上層部に対する彼の怒りがよく伝わる。もっともさすがにここまで来ると足利寄りの『梅松論』特有の誇張と思われ、鵜呑みにはできない。

そして建武三年（一三三六）五月、楠木正成は摂津国《せっつ》湊川《みなとがわ》で足利尊氏の大軍を迎え撃って孤軍奮闘し、壮絶な戦死を遂げるのである。正成が主張した首都の補給路遮断作戦は、むしろ後年、南朝軍にたびたび京都を占領された室町幕府が採用して戦果を挙げた観がある。

ともかく、皇国史観最大最強の忠臣中の大忠臣である楠木正成でさえ、後醍醐天皇の方針に対し、かなり根本的な部分で異論を唱えていたことはご理解いただけたと思う。

千種・名和・結城

後醍醐天皇の忠臣として有名な楠木正成・千種忠顕《ちぐさただあき》・名和長年《なわながとし》・結城親光《ゆうきちかみつ》の四人を「三木一草《さんぼくいっそう》」と称する。このうち、楠木正成についでは今述べたとおりである。

千種忠顕は、元は中級貴族の六条《ろくじょう》家の出身であるが、家業の学問を放棄し、武芸や賭博・淫乱にふけったため、父親に勘当されたという。建武新政開始後は後醍醐から莫大な恩賞《おんしょう》を与えられるが、富と権勢を手に入れたことにより毎日酒宴を開く贅沢な生活を送って世間の顰蹙《ひんしゅく》を買ったらしい。この点、悪逆非道で専横の振る舞いが多かったとされる高師直《こうのもろなお》と何が異なるのか。少なくとも道徳的にはどっちもどっちであろう。

名和長年にしても、すでに紹介したように勘違いして西園寺公宗《さいおんじきんむね》を彼の妻の前で斬殺したと伝えられる。少なくとも現代人の価値観や感覚では絶対に近づきたくない人物である。

結城親光は、建武の戦乱で足利尊氏が最初に入京した際、尊氏を暗殺しようとして偽って足利軍に降伏する。そして九州の雄族大友貞載《おおともさだのり》と差し違えて討ち死にする（『太平記』巻第一四）。あるいはこれに先だって行われた箱根《はこね》・竹ノ下《たけのした》の戦いの折、後醍醐方を裏切って足利軍勝利に貢献した貞載を当初から殺害するつもりで偽りの降伏をしたとも言われる（『梅松論』）。いずれにせよ、結城親光が忠誠心の塊であることは確かである。しかし彼の兄の親朝《ちかとも》は優柔不断な人物で、後に北畠親房《きたばたけちかふさ》の熱心な勧誘にもかかわらず、結局幕府に寝返ったことはすでに触れたとおりである。

ちなみにすでに紹介したとおり、愚直な忠臣として有名な新田義貞も、後醍醐が尊氏と講和しようとしたときには激怒して猛烈に抗議し、結果的に「天皇」恒良を奉じて北陸へ下向し分派活動を企てた。従って、単なる後醍醐の忠実なロボットではない。

このように後醍醐の著名な忠臣たちでさえ、その政治姿勢や人間性、さらには身辺まで含めて見れば、その忠誠度や道徳性はだいぶ「相対化」するべきなのではないだろうか。

北畠顕家の建武政権批判

北畠顕家《あきいえ》に関しては、これも前述したが、山城醍醐寺文書に収められている延元三年（一三三八、北朝建武五）五月一五日付の諫奏《かんそう》が有名である。これは顕家が最後の出陣にあたって後醍醐天皇に提出した政治意見の文章で、昔から彼の強烈な忠誠心や愛国心がよく表れた名文と評価されている。

14　北畠顕家像（栗原信充『肖像集』より，国立国会図書館所蔵）

しかし、中身を詳しく検討すると、この諫奏は建武政権の全否定に近い内容である。この文書は前欠で、少なくとも七ヵ条から構成されていた。最初から順に列挙して、簡単に紹介してみよう。

① 七道《しちどう》に広域地方統治機関を設

置し、権限を分割して委任統治させるべきです。

「奥州が何とか南朝の権威に服しているのは陸奥将軍府《むつしょうぐんふ》の存在のおかげであり、一度は九州に没落した足利尊氏が復活を遂げることができたのは、彼の地にそれに該当する地方統治機構が存在しなかったからであります」と顕家はまず指摘する。そして、「一つの組織ですべての問題について決断しようとすれば、あらゆることが紛糾するでしょう」と述べる。後醍醐天皇の中央集権政治を批判した文章である。

ただし、地方統治機関の設置自体は後醍醐自身も積極的に推進している。前述したように、後醍醐の政治構想が中国宋《そう》の君主独裁体制をモデルとしていたとするのは佐藤進一氏以来の定説であるが、陸奥将軍府・鎌倉将軍府といった建武政権の広域地方統治機関は総《そう》領所《りょうじょ》なる宋の地方機関の模倣であるとする見解もある。要するに天皇と顕家の意見に実際はさほどの隔たりがあったとは思われず、差し引いて評価する必要がある。

そもそも九州は、ほかならぬ尊氏に統治を委任しようと後醍醐は考えていた節がある。顕家がこれで後醍醐を責めるのは少々酷と言うか的外れであろう。なお、これらの点に関しては伊藤喜良氏が詳細に論じている。

② 諸国の税金を免除して、倹約して政権の歳出を減らしてください。

延暦一三年（七九四）の平安遷都で桓武《かんむ》天皇が造営した大内裏《だいだいり》はこの時代にはもはや存在せず、「内野《うちの》」と呼ばれる野原となっていた。明徳《めいとく》の乱で室町幕府軍が山名《やまな》軍と決戦した戦場もこの内野である。

当時天皇は冷泉富小路殿《れいぜいとみのこうじどの》と呼ばれる里内裏《さとだいり》に住んでいたが、かつての大内裏に比べるとその規模ははるかに小さかった。そこで後醍醐天皇は大内裏の再建を計画し、実行したのである。

豊臣秀吉の大坂城や徳川家康の江戸城は言うにおよばず、権力者が巨大な建造物を建設して権威を誇示する行為自体は古今東西普遍的に存在する現象で、決して間違っているとは思わない。しかしこのときはタイミングが悪すぎた。元弘元年（一三三一）以来約三年にわたる全国規模の戦乱で民衆の力は疲弊しきっており、大内裏建造のために課せられた重税に耐えられなかったようである。顕家は、大内裏造営を含む政府の増税政策を批判したのである。

③　官位は能力と徳が高い人間にだけ与えるべきです。

「功績があっても才徳がない人間には、官位ではなく土地だけを与えるべきであります。なのに近年それが守られず、資格のない成り上がり者にみだりに官位が与えられております」と顕家は述べる。足利尊氏だけでなく、新田義貞や三木一草など鎌倉討幕の恩賞に与り、官位を昇進させた者すべてが基本的にこの批判の対象であったことは言うまでもないであろう。

④　荘園や国衙《こくが》領《りょう》は公家や僧侶に与え、地頭職《じとうしき》は武士に与えるべきです。

鎌倉時代には「荘園・国衙領＝公家・寺社領、地頭職＝武士領」という区別が厳格に存在した。しかし、後醍醐はこれを廃止してしまったのである。具体的には例えば、東寺《とうじ》に若狭《わかさ》国太良荘《たらのしょう》地頭職を与えたりしている。顕家は、これを旧来の秩序を乱すものとして厳しく批判した。

⑤　臨時の行幸《ぎょうこう》や宴会は慎んでください。

これは②条に関連するが、無駄遣いをなくして民力を休養させよということだろう。また道徳的な意味も込められており、困窮する民を尻目に贅沢三昧な生活を送る千種忠顕のようなけしからぬ連中に対する批判でもあると思われる。

⑥　朝令暮改の法令を出すのはやめてください。

所領《しょりょう》政策が迷走と評してよいほどに頻繁に変更されたことや、後醍醐が膨大な数の綸旨を発給したため、相互に矛盾する内容のものが多数出回って社会に大混乱を招いたことを特に指している。

⑦　無能な貴族・武士・女官・僧侶に、政治への口出しをさせないでください。

これは③条に関連する条文であろう。この条では具体的には、後醍醐の寵姫《ちょうき》阿野廉子《あのれんし》や円観《えんかん》・文観《もんかん》といった怪僧たちが念頭に置かれているのは確かである。かの僧侶たちも、後醍醐の寵愛を受けているのをいいことに専横の振る舞いが多かったようだ。円観に至っては、後醍醐を裏切って京都に居残ったりしている。彼らもまた、少なくとも南朝忠臣史観が賛美する条件に合致する人物でなかったようだ。

以上最低でも七ヵ条にわたって、北畠顕家は後醍醐天皇の政治を激越に非難した。そして、「もし天皇陛下が過ちを改めず、平和を取り戻すことができなければ、私は山林に隠れます」と結ぶのである。繰り返すとおり、顕家が建武新政の政策をまったく評価していないことがよくわかるではないか。

公家たちの新政批判

北畠顕家の諫奏で特に目立つのは、③④⑦条によく表れているが、建武政権の先例を無視した人事政策への批判である。また、顕家の父親の北畠親房も実は新政にかなり批判的であった。これも本書で再三述べてきたとおりである。その内容も、顕家と同じく旧来の家格を無視した異例の昇進人事がメインだったようである。具体的には、例えば本来は大納言《だいなごん》までしか昇進できない名家《めいか》出身の吉田定房《よしださだふさ》が先例を破って准大臣《じゅんだいじん》に昇進した人事を批判している（『職原抄《しょくげんしょう》』）。

そもそも北畠父子に限らず、同時代の公家の大半が後醍醐の政治に対して批判的であったらしい。後年三条公忠《さんじょうきんただ》という公家も、新政当時を回顧して「物狂《ものぐるい》の沙汰《さた》であった」とまで酷評している（『後愚昧記《ごぐまいき》』応安三年〈一三七〇〉三月一六日条）。これもやはり、吉田定房の先例に倣って同じく名家の勧修寺経顕《かじゅうじつねあき》が内大臣《ないだいじん》に昇進した人事に対する批判であった。中国の年号を採用するという異例の改元「建武」もそうであるが、元来保守的な公家層にとって、建武政権の諸改革の多くは到底受け入れることのできないものだったのである。

武士に優しい建武政権

建武新政は概して武士に冷たく、公家の権益を一方的に優先したので武士層の不満を集めて失敗した。これが世間一般に流布している政権倒壊の原因像であろう。しかし、護良《もりよし》親王・万里小路藤房《までのこうじふじふさ》・大覚寺統《だいかくじとう》諸皇族・持明院統《じみょういんとう》皇族・西園寺公宗・北畠父子など、内紛を起こして新政で粛正ないし左遷されたり、政策に対する不満を表明した者は、実は皇族や公家層に圧倒的に多く見られるのである。

先入観を排して現実を見ると、足利尊氏・直義《ただよし》兄弟を筆頭に、楠木正成・新田義貞など建武政権で高位高官に与った者は、実は武士が非常に目立つ。だから北畠顕家も諫奏の③条でそれを厳しく批判したのである。

また、当該期における最大の政策課題であった綸旨による恩賞充行《あてがい》の件数もきわめて多い。頻度だけで比較すれば室町幕府の充行のペースをも上回るほどである。そして綸旨には、雑訴決断所《ざつそけつだんしょ》から施行状《しぎょうじょう》が出されてその実現を援護した。このシステムが室町幕府の執事《しつじ》施行状に継承されたと推定できることも前述したとおりである。

定説とは真逆に、建武政権は武士に優しく、武士の利益に最大限に配慮した改革政権だったのである。これが現在筆者が抱いている見解である。

建武政権崩壊の理由

それにもかかわらず、なぜ建武政権はごく短期間で崩壊したのであろうか。

この問題に関しては、恩賞充行の遅効性が最大の原因であったと筆者は考えている。これはその効果が現れるまでに時間がかかる政策である。この点、現代の景気対策とちょっと似ている気もする。

日本全国に分布する膨大な味方の武士の軍忠《ぐんちゅう》を正確に認定・評価し、敵である北条《ほうじょう》氏およびその与党の所領を調査・確定する作業は、予想以上にはるかに困難だったと思われる。その時点で迅速な恩賞の拝領を希望する武士が不満を持ったことであろう。

かと言って無理に急いで恩賞を分配すれば、間違って味方の所領を没収してしまったり、同一の所領を複数の人間に同時に与えてしまうなどミスも多くなる。また繰り返すとおり、綸旨が正しくてもそれを実現させるのが困難という実効性の問題もあった。

そもそも大前提として、すべての人間に公平感を与える恩賞分配など絶対に不可能である。特に当該期のような社会情勢が極端に混乱している時代にはなおさらそうであったろう。

なかなか成果が目に見える形で現れないところに、建武新政で最大の利益を得て、しかも政権の中枢で運営に貢献していた足利尊氏が造反するというまさしく想定外の大不運に襲われて倒壊した。後醍醐天皇が強大な鎌倉幕府を倒したことは当時から奇跡と言われ、学界では古くからその成功の原因が議論されている。確かにそうであるが、しかし筆者などには、むしろ尊氏の裏切りの方が起こり得ない事態だったように思われる。

要するに、建武政権は時代の先端を行きすぎた権力であり、周囲に理解されない先駆者の悲劇を味わったわけである。また建武政権崩壊の原因は、室町幕府で観応《かんのう》の擾乱《じょうらん》が起こるなどして内乱が長期化したこととも本質的には同じであったろう。

この点、ウェイトトレーニングにたとえてみるとわかりやすいかもしれない。当該期の解決するべき政策課題をバーベルに、政権担当能力を筋力になぞらえてみよう。政策課題の重さが一〇〇キロだったとして、鎌倉幕府は五〇キロを持ち上げる筋力しかなかったので一〇〇キロの重みに耐えきれずにつぶれた。建武政権は九〇キロ持ち上げることができたが、一〇〇キロにはおよばない。しかもバーベルはますます重くなり、二〇〇キロの筋力が必要とされるようになったので結局は失敗。室町幕府に至って何とかギリギリ持ち上げることができるようになったのである。それも長期間のトレーニングを積み重ねてようやく何とか達成したことであった。また、当時足利よりも強い筋力を持つ「選手」がいなかったことも「勝因」としてはもちろん大きかったことであろう。

さて、建武政権が政治改革という名のバーベルを持ち上げることができなかったのは確かである。しかし、前政権に比べてはるかに強大な、政権担当能力という筋力を手に入れたこと自体は正当に評価するべきであると筆者はつねづね思っている。その証拠に、施行体制その他のトレーニング方法は後継者の室町幕府も継承して成功させているではないか。

室町幕府の「忠臣」たち

話を元に戻すと、とにかく南朝忠臣史観が想定するような、「忠烈、日月と光を争った」ような忠臣など実は存在しない。建武政権―南朝には、裏切って謀反を起こす者が続出した。裏切らないまでも、政策に反対する者がほとんどであった。また人格的にも問題のある人間も数多く含まれていた。

少なくとも、後醍醐天皇の人格や識見すべてに心酔して、身も心も捧げ、おまけに道徳的にも優れていた大忠臣など存在しないか、存在したとしてもきわめて少数であったろうことはご理解いただけたと思う。

その条件を満たしていたのは、実は足利尊氏だったかもしれないのである。尊氏は、建武政権打倒の挙兵に足利氏の中で最後まで消極的だった。幕府樹立後も建武政権の理念や政策を可能な限り忠実に継承し、成良《なりよし》親王を皇太子にするなど後醍醐に最大限配慮した。そして後醍醐崩御後、天龍寺《てんりゅうじ》を造営して彼の霊を丁重に弔った。従って、彼こそが最大の後醍醐忠臣だったという解釈も可能であろう。

そもそも、室町幕府の方には忠臣はいなかったのであろうか。

これに関しては、例えば高師直《こうのもろなお》は忠臣中の忠臣だったのではないだろうか。師直は執事として将軍足利尊氏に仕え、数々の大戦争で顕著な武勲を立て幕府の覇権確立に最大限貢献した。もちろん尊氏を一度も裏切っていない。にもかかわらず、最期は戦場で非業の死を遂げた。これが忠臣でなくて誰が忠臣なのであろうか。

師直と言えば、傲岸不遜な人格が有名である。しかし、師直の数々の奔放な言動も大半は誇張の多い軍記物である『太平記』の巻第二六が主たる史料的典拠であり、実は史実としてはそれほど確かでないのである。本書ではその問題の詳細な検討は控えるが、仮にそれらが事実だったとしても、千種忠顕のような人物でも忠臣あつかいされるのであれば何の問題があるだろうか。

師直に関しては、かの四条畷《しじょうなわて》の戦いで楠木正行《まさつら》の奇襲で大ピンチに陥ったとき、率先して師直の鎧を着用し、彼の身代わりとなって討ち死にした上山六郎左衛門《うえやまろくろうざえもん》という武士の存在も忘れてはなるまい。これも同じ『太平記』巻第二六の記事であるが、師直の周辺に上山のような勇敢で忠誠心の高い武士が多数存在したとしても不思議ではないだろう。このような家来にめぐまれていたからこそ、師直は多くの戦いを勝ち抜くことができたとも言えるのではないだろうか。

また、本書では不協和音の側面を強調したが、幼少の将軍義満《よしみつ》を補佐して将軍権限を代行し、室町幕府全盛の礎を築いた管領細川頼之《かんれいほそかわよりゆき》や、その頼之を支持した播磨守護赤松則祐《はりましゅごあかまつそくゆう》なども、皇国史観から見ても献身的なすばらしい忠臣と言えるのではないだろうか。南朝軍に京都を占領され、疎開してきた幼少の義満を一時本拠地の播磨国白旗《しらはた》城に招き入れ、養育したのがこの則祐である。

そして典型的な婆娑羅大名《ばさらだいみょう》として有名な佐々木導誉《ささきどうよ》も、一方では前述したとおり自邸に進駐してきた敵の楠木正儀を丁重に接待させるといった美談で知られるのである。

彼らの足利将軍に対する忠誠は、楠木や北畠の後醍醐に対する忠誠と何が異なるのであろうか。天皇か将軍か忠誠の対象が異なるだけで、その本質は完全に同じだと思う。ともかく南朝も室町幕府も、忠誠度や道徳性に大差はなかったのである。

南朝の潜在的反乱分子――北条時行と征西将軍宮懐良親王

北条時行

南朝には、結果として内紛や反乱は起こさなかったし、政権批判や人格的な問題もさほど伝わっていないものの、反乱分子として潜在しており、条件さえ満たせばいつでも反乱を起こした可能性が非常に高かったと考えられる勢力も存在する。北陸で新田義貞《にったよしさだ》に擁せられて第三王朝を樹立した「天皇」恒良《つねよし》もそれに含まれると思う。ほかにも北条時行《ほうじょうときゆき》と征西将軍宮懐良親王《せいせいしょうぐんのみやかねよししんのう》がその代表格として挙げられる。本節では、この両者を中心に簡単に説明したい。

北条時行は、鎌倉幕府最後の得宗《とくそう》北条高時《たかとき》の次男である。建武《けんむ》政権の末期に鎌倉幕府の復活を目指して中先代《なかせんだい》の乱《らん》を起こし、一時は足利直義《あしかがただよし》軍を撃破して鎌倉を占領するほどの勢いを見せた。しかし、京都から大軍を率いて攻め上ってきた足利尊氏《たかうじ》軍に敗北したことも周知の事実である。

　この時行がその後どうなったのかについては、あまり知られていないのではないだろうか。実は時行は、南朝方として足利氏と戦い続けるのである。

　建武四年（一三三七）、時行は、吉野で南朝を開いたばかりの後醍醐《ごだいご》天皇から朝敵《ちょうてき》赦免の綸旨《りんじ》を拝領する。その後、北畠顕家《きたばたけあきいえ》傘下の一武将として美濃国青野原《みのあおのはら》の戦《たたか》いなどを転戦する。文和元年（一三五二）には新田義貞の遺児義宗《よしむね》・義興《よしおき》とともに蜂起するが、将軍尊氏と戦って捕らえられ（武蔵野《むさしの》合戦）、翌年鎌倉龍ノ口《たつのくち》で処刑された。このように、観応《かんのう》の擾乱《じょうらん》以降まで割と長い期間活動しているのである。

　さて、この北条時行の南朝帰参が、反乱を起こしたことを心底から悔い改めたためでもなければ、まして後醍醐天皇の政治理念に共鳴し、真心から忠誠を誓ったわけでもないことは容易に推察されよう。

　時行は、鎌倉幕府再興という最終目的を達成するために、当面の戦略上の手段として南朝と手を組んだに過ぎないのである。南朝は南朝で、室町幕府を打倒するために手駒は少しでも多い方が有利との判断から、時行の本心を承知の上で彼の帰参を認めた。両者の提携には「敵の敵は味方」というマキャヴェリズム全開の利害と打算しかなく、南朝忠臣史観が称揚するような美しいものは何一つ存在しない。

そんな時行が最後まで南朝を裏切らなかったのは、単に一貫して戦況が不利で南朝に対して謀反を起こす機会が訪れなかっただけにすぎない。要するに結果論にすぎず、逆に室町幕府が衰退ないし滅亡する展開になっていれば、時行はほぼ必ず秘めていた野心をむき出しにしたことであろう。

征西将軍宮懐良親王

征西将軍宮懐良親王もこれまで本書で随所に登場してきた。後醍醐天皇の皇子で、父帝の命によって九州方面へ派遣された懐良は、一時は九州の大半を支配し、九州の心臓部である博多《はかた》と大宰府《だざいふ》を掌握し、一三六〇年代を中心に一〇年以上も覇者として君臨し続けた。概してふるわなかった南朝諸将の中で唯一幕府を圧倒した名将として、南朝ファンの間でも人気が高いようである。

筆者が懐良を潜在的反乱分子であったと見るのは、室町幕府の場合、広域地方統治機関が経営に成功して勢力を持ちすぎると、ほぼ例外なく中央政権と敵対しているからである。その実例として、足利直冬《ただふゆ》勢力と鎌倉府について簡単に紹介したい。

足利直冬

足利直冬についても本書の随所で言及してきたが、将軍尊氏の庶子である。しかし父に愛されず、叔父直義の養子となった。

貞和五年（一三四九）、直義派の武将として西国に下向《げこう》するが、彼の存在も大きな原因となって、翌年観応の擾乱が勃発する。直冬は、尊氏派であった当時の九州探題一色範氏《うじ》と抗争し、一時勝利を収めて幕府から正式に鎮西探題《ちんぜいたんだい》に任命される。しかし、実父尊氏の逆転勝利で不利な戦況を招き、九州を撤退する。その後は南朝方に転じ、文和四年（一三五五）には京都に侵入して尊氏と戦うが敗北。その後は中国地方を転々としながら細々と反幕活動を続けるがふるわなかった。

さて、西国下向にあたって、直冬は相当大きな権限を与えられた模様である。彼は中国地方八ヵ国の統治権を与えられ、幕府評定衆や奉行人も多数彼に随行していた（『師守《もろもり》記《き》』貞和五年四月一一日条）。そのため、当時の彼の立場を、通常の守護の職権を大きく越える「長門《ながと》探題」と評する見解も存在する。

その後直冬は九州に拠点を移したが、ここで恩賞充行《おんしょうあてがい》権を無断で行使し、配下の武士たちに下文《くだしぶみ》を多数発給したりしている。前述したように、その権力は後に幕府に鎮西探題として追認されるレベルであった。

直冬が大勢力となり、実父尊氏に脅威を与えて観応の擾乱の直接の原因となった最大の原因が、以上に見たような強大な権限であることは言うまでもないであろう。

鎌倉府

鎌倉府の場合はもっと典型的である。鎌倉府とは、室町幕府の東国統治機関である。全盛期には、関東地方と東北地方および伊豆《いず》国という広大な地域を統治した。もっとも、東北地方とは言っても実際には現在の福島県くらいにしかその支配領域はおよばなかったようであるが、それでも広大な地域を支配していた事実には変わりない。信濃《しなの》国・越後《えちご》国および駿河《するが》国の一部が管轄下にあった時期もある。

鎌倉府は幕府草創時から設置されていた。もっと遡って、建武政権期の足利直義による鎌倉将軍府《しょうぐんふ》に起源を求める見解も有力である。しかし、初期の鎌倉府はそれほど大きな権限を委任されていたわけではなかったようである。

それが変化するのは観応二年（一三五一）、将軍尊氏が直義を討つために関東に下向してからである。このとき尊氏はしばらく東国統治に専念し、それまでの鎌倉府には見られなかった強大な権限を行使した。尊氏の東国経営は、かなりの成果を収めた模様である。

文和二年（一三五三）、尊氏は京都に戻る。しかし、基本的な権限はそのまま鎌倉府に残した。具体的には、鎌倉公方《かまくらくぼう》（鎌倉府の首長）を務めた子息基氏《もとうじ》に恩賞充行権と所務沙《しょむざ》汰《た》権を与えたのである。

特に恩賞充行権を認められたのは非常に大きかったと筆者は考えている。後に旧直義党の上杉氏が帰順したこともあり、鎌倉府の統治は大成功を収めた。関東の南朝方は、ほぼ完全に逼塞してしまうのである。ちなみに公方の恩賞にも、補佐役である関東執事《かんとうしつじ》（管《かん》領《れい》）が施行 状《しぎょうじょう》を発給した。

ところが鎌倉府が成功すると、今度はその鎌倉府自体が室町幕府の覇権を脅かす不安定要素となり始めたのである。歴代の鎌倉公方たちはことあるごとに幕府に反逆しようとした。

管領細川頼之《ほそかわよりゆき》が失脚した康暦元年（一三七九）の康暦の政変に際しては、二代公方足利氏満《うじみつ》が細川氏の政敵斯波《しば》氏と連携して謀反を起こす動きを見せる。しかしこのときは時の関東管領上杉憲春《のりはる》がこれをいさめて自殺したため、氏満は反逆を思いとどまったという。

応永六年（一三九九）に起こった応永の乱では、足利義満《よしみつ》と敵対した大内義弘《おおうちよしひろ》を支援するため、三代公方足利満兼《みつかね》が武蔵国府 中《ふちゅう》まで実際に出陣している。しかし、このときも上杉憲定《のりさだ》がいさめ、義弘も敗死したために満兼は鎌倉に戻っている。

四代公方足利持氏《もちうじ》の時代になると、幕府と衝突する頻度はますます増え、激化する。これをいさめる関東管領上杉憲実《のりざね》と持氏の不和も極限に達し、鎌倉府の統治機構も機能不全に陥る。そして、ついに永享一〇年（一四三八）、永享《えいきょう》の乱《らん》が起こって持氏が敗死し、一時鎌倉府は滅亡するのである。

北畠顕家も後醍醐天皇に奏上《そうじょう》したように、強大な権限を認められた広域地方統治機関の設置が、権限を分担して中央政府の負担を減らす上でも、また地方の敵対勢力を殲滅する上でも有効な政策であったことは間違いない。しかし反面、その機関自体が強力な敵対勢力と化す危険性も秘めていた。言わば探題や将軍府は、中央政府にとって諸刃の剣だったわけである。

室町幕府には、ほかにも奥州探題や九州探題といった地方統治組織が存在したが、直冬勢力や鎌倉府ほど露骨ではなくとも、それらの機関と幕府との間にも多かれ少なかれ何らかの衝突は存在した模様である。そのため幕府は、戦乱が収まって平時体制に移行すると、これらの機関の権限削減に努めるなど対応に相当苦慮している。

すでに指摘したとおり、そもそも室町幕府自身が特に関東と九州に強大な権限を持ち、内紛によって中央政府である建武政権を打倒した地方統治機構だった側面があるのだ。かかる経緯で出現した政権が、自己の地方統治機関を警戒するのは当然と言えるのではないだろうか。

懐良の対明外交

さて、征西将軍府がこれらの機関と同様の展開を辿る可能性がなかったと断言できる保証があるか。筆者はまったくないと思う。懐良が吉野に反乱を起こさなかったのも単なる結果論である。

否、実は懐良にもそうした兆候は現れていた。彼は、当時建国したばかりの明《みん》との外交を独自に試みているのである。小国日本の単なる一地方勢力だったにもかかわらず、懐良は大国明に対して毅然とした態度を貫いたらしい。その詳細は省略するが、言うまでもなく外交は一地方統治機関の分限をあきらかに超えている。

また、征西将軍府は南朝から強大な九州自治権を与えられ、全盛期には綸旨を排除してほぼ懐良令旨《りょうじ》のみで九州を統治している。のみならず彼の権力は四国にまで及び、伊予国では懐良令旨と南朝天皇綸旨が競合する現象まで起こっている（正平二四年二月一三日付征西将軍宮令旨〈伊予河野文書〉）。これはかつて護良《もりよし》親王令旨と後醍醐天皇綸旨が衝突した事実を彷彿とさせるではないか。

この事実などより征西将軍府は、これを支持する九州の武士たちから完結かつ自立した政治権力と認識され、懐良も南朝の天皇と対等の存在と見なされていたとする指摘もある。

宮将軍・常陸親王・兵部卿親王

なおこの他、宮将軍《みやしょうぐん》という南朝皇族が、四条畷の戦いの直後から和泉《いずみ》・河内《かわち》を中心に播磨《はりま》・石見《いわみ》・安芸《あき》といったかなり広範囲に令旨を発給している。正平《しょうへい》の一統《いっとう》の時期に播磨国で守護《しゅご》赤松則祐《あかまつそくゆう》に命令の執行を命じる令旨を出しているところを見ると、彼が赤松宮陸良親王《あかまつのみやりくよしカ》であることはほぼ確実であろう。

また、観応の擾乱期には常陸《ひたち》親王と呼ばれる宮が中国地方で活動していた。三〇通以上の令旨を残しており、かなり活発に活動していたようである。この人物は、後醍醐皇子花園《はなぞののみや》宮満良《みつよし》親王あるいは護良の子興良《おきよし》親王であった可能性が指摘されているが不明である。ほかにも兵部卿《ひょうぶきょう》親王もこの頃伊予《いよ》の忽那《くつな》氏に所領《しょりょう》を充行ったり、感状《かんじょう》を発給したりしている。かつて護良が任じられていた「兵部卿」という名称から、彼が興良であったとも思うがはっきりしない。

これら三親王、加えて宗良《むねよし》親王も潜在的な反乱分子に含めてよいかもしれない。筆者の推定どおり宮将軍と赤松宮、兵部卿親王と興良が同一人物だとすれば、少なくとも宮将軍と兵部卿親王は実際に謀反ないし分派活動を起こしたことになる。ともかく、以上に見たような存在もまた記憶にとどめてよいと思われるのである。

内紛の対立構造の変化――現代政治との共通点

さて、一見複雑に見える南朝の内部対立であるが、子細に見てみるとそこには一定の変化の流れがあることに気づく。無論直線的な変化ではないが、情勢の変化に伴って、ある種の「法則」に従って対立が展開しているようなのだ。それについて少し考察してみたい。

政権構想をめぐる対立の段階

まず建武政権期。後醍醐《ごだいご》天皇の政治勢力が曲がりなりにも全国政権として日本列島を統治していた、言わば「政権与党」にあたる時期である。この時期に見られる対立は日本の「国体」をめぐるものがほとんどである。換言すれば、日本国をいかなる政治体制で統治していくべきかをめぐる、政治理念や政治路線、個々の政策までを含む対立であった。その根底には、社会・経済情勢の変化に基づく所領問題が存在したのはもちろん言うまでもない。具体的には、大別して以下の二つの大問題に分けられる。

皇位継承をめぐって

まず第一に、皇位継承をめぐる問題である。鎌倉後期のように両統迭立《りょうとうてつりつ》を維持するのか、あるいは後醍醐系統に一元化するのか、前者の場合は特に分裂著しい大覚寺統《だいかくじとう》のどの皇統に皇位を継承させるべきかといった対立があった。

両統迭立を唱えていたのは、持明院統《じみょういんとう》および大覚寺統で後醍醐系以外の諸派である。彼らも内心では自己の系統への一元化が本音だったのであろうが、自派の皇位継承を主張するときの論理として、両統迭立の原則を持ち出すことが多かったようである。

そのため持明院統と大覚寺統諸派は、鎌倉後期から後醍醐系統へ対抗するため、むしろ戦略的に提携することが多かったらしい。大覚寺統嫡流の康仁《やすひと》親王も持明院統と緊密な関係を結んでいた。彼が親王宣下《せんげ》を受けたときにつけられた「康仁」の名も、持明院統の花《はな》園上皇《そのじょうこう》が選んだものである。しかも持明院統皇族の名に一般的であった「仁」の字が使用されており、康仁を自派に取り込もうとする同統の思惑が存在したとする研究者もいる。

持明院統と大覚寺統諸派の連携に関しては、南北朝対立が始まったとき、前述したように後醍醐系統以外の大覚寺統皇族たちがことごとく北朝に属した事実も示唆的であろう。また、後醍醐でさえ光厳《こうごん》を上皇待遇としたり、光厳姉の新室町院《しんむろまちいん》珣子《しゅんし》内親王を中宮《ちゅうぐう》とするなど持明院統の懐柔に努めていたことも想起される。

後醍醐系統一元化を主張する勢力の内部でも、どの皇子が彼の後を継ぐかで微妙な空気が流れていた気配がある。具体的には、大塔宮護良《おおとうのみやもりよし》親王か、寵姫阿野廉子《ちょうきあのれんし》が産んだ皇子かをめぐる駆け引きである。出家前の護良が一時皇位継承候補だったらしいことや、護良逮捕の理由として帝位簒奪の陰謀を企んだことが一応挙げられていたことを思い出していただきたい。

また廉子所生の皇子たちにしても、後醍醐が比叡山で激怒する新田《にった》氏をなだめるために譲位した恒良《つねよし》親王と、その後吉野で正式に皇位を譲った義良《のりよし》親王（後村上《ごむらかみ》天皇）は潜在的に対立の可能性を秘めていたであろう。短期間すぎて目立たないが、北朝光明《こうみょう》天皇の皇太子とされた親足利《あしかが》の成良《なりよし》親王も一応皇位継承レースに参加していたと言える。

その他、鎌倉後期には尊良《たかよし》親王と世良《よよし》親王も一時有力候補だったという。

尊良親王と世良親王

尊良親王は、後醍醐天皇の最年長の皇子（一宮《いちのみや》）である。後醍醐の実名「尊治《たかはる》」から一字拝領している事実からも窺えるように、当初は後醍醐系統における皇位継承の最有力候補であった。すでに述べたが、後醍醐の最初の皇太子であった邦良《くによし》親王（後醍醐甥）が死去した後、量仁《かずひと》親王（持明院統。北朝光厳《こうごん》天皇）・邦省《くにみ》親王（邦良弟）・恒明《つねあきら》親王（亀山法皇《かめやまほうおう》最末子）とともに後任の皇太子に立候補している。このとき、鎌倉幕府の裁定で皇太子が量仁に決定したこともすでに紹介したとおりである。

しかし、やがて後継者候補からはずされたらしい。後年の建武の争乱に際しては、新田《にった》義貞《よしさだ》・恒良《つねあき》親王とともに北陸に向かった。そして建武四年（一三三七）、越前《えちぜん》国金ケ崎《かながさき》城が落城したときに自殺している。

世良親王は、後醍醐の二番目の皇子（二宮《にのみや》）だったらしい。関東申次《かんとうもうしつぎ》西園寺《さいおんじ》実兼《さねかね》の弟実俊《さねとし》の娘が母であった。鎌倉幕府と密接な関係を有し、朝廷内でも絶大な権勢を誇っていた西園寺家の娘を母とする皇子の存在は、父後醍醐にとっても政治的に大きな戦力であったことだろう。「世良」の名も、祖父後宇多天皇の実名「世仁《よひと》」から一字拝領したものである。さらに若き日の北畠親房《きたばたけちかふさ》が世良の乳父《めのと》であり、世良派の公家として彼を補佐していた。しかも恒明親王を支持する勢力も、恒明即位を断念した後に後継天皇候補として擁立したのが世良だったという。

能力的にも人格的にも優れた人物であったらしく、一時は後醍醐後継者の最有力候補であった。しかし惜しむべきことに、世良は元弘《げんこう》の変《へん》直前に夭折してしまった。なお、後醍醐中宮の珣子内親王が産んだ皇女も、もし皇子だったらこの争いに加わった可能性が高いであろう。

天皇親政か幕府政体か

第二の争点としては、皇位継承問題とも密接に連動しているが、天皇親政か幕府的構想を認めるかの見解の相違である。自前の軍団形成を意図した護良や、鎌倉幕府再興を試みた西園寺公宗《さいおんじきんむね》との対立は、これがメインの争点となっている。そして、足利氏《あしかが》による新しい幕府樹立を構想し、これを見事に実現した足利尊氏《たかうじ》との戦いは、この路線対立から生じた建武政権の内紛としては最大規模のものであった。

その他、改元・大内裏《だいだいり》造営・貨幣鋳造・人事・所領《しょりょう》裁判・都市政策・地方統治・経済政策等々、個別的な政策まで含めればおびただしい数の対立が存在したであろう。このように曲がりなりにも全国政権であった初期は、政治路線をめぐる対立がほとんどだったのである。これは言わば、対立の第一段階とでも言うべきである。

分派活動の段階

室町幕府が樹立され、南北朝の対立が始まると、対立の第二段階として、南朝内部の分派ないし独立活動が目立つようになる。北陸の第三王朝、関東の藤氏一揆《とうしいっき》やそれに続く護良皇子興良《おきよし》親王擁立運動などはその代表格であろう。観応《かんのう》の擾乱《じょうらん》期に播磨守護《はりましゅご》赤松則祐《あかまつそくゆう》に一時擁立された護良皇子の赤松宮《あかまつのみや》陸良《りくよしヵ》親王、二代将軍義詮《よしあきら》の時代に吉野で謀反を起こした同じく赤松宮もこれに分類することができるだろう。征西将軍宮懐良《せいせいしょうぐんのみやかねよし》親王たちも、潜在的に分離独立の可能性を秘めていたと推定できることは前節で述べたとおりである。

与党から野党に転落した場合、まず挙がるのは、敗北の責任を問い、失敗の原因を究明する声であろう。前に紹介した陸奥国司北畠顕家《むつこくしきたばたけあきいえ》の奏上《そうじょう》などはその典型的な事例である。その後に現れる現象は、内部の主導権争いである。一敗地にまみれたとは言え、敵の政権基盤も固まりきっておらず、挽回できる可能性がまだまだ高い。来るべき覇権奪回に向けて主導権を獲得するために、分離ないし独立の動きが起こるのも自然な流れではないだろうか。しかも南朝の場合、地方に皇子や武将を派遣し、それぞれの地域で強力な地盤を築く戦略を採用していたから、こうした動向が促進される下地は十分にあったと考えられる。

またここで注目されるのは、こうした分離独立運動に担ぎ上げられた皇族が、大塔宮護良親王の遺児である傾向である。かつて後醍醐天皇に粛清された護良の勢力は、南朝発足後も主流派の後村上天皇系統とは一線を画す反主流派として、南朝内部で一定の勢力を維持した形跡がある。護良派は幕府方の赤松氏とも太いパイプを保ち、潜在的に侮れない軍事力を有し、隙あらば南朝天皇の寝首を掻こうと窺っていたと考えられる。言わば、南朝内部の獅子身中の虫であったと言えるであろう。

講和か抗戦かをめぐる対立の段階

観応の擾乱以降は、右で指摘した分派活動と並行して、幕府との講和派と徹底抗戦派の内訌が見られるようになる。対立の第三段階である。講和派の代表格が楠木正儀《くすのきまさのり》で、彼が推進する和平交渉が高じて、遂には南朝を裏切って幕府方守護として戦うという、皇国史観《こうこくしかん》では起こり得ない「変節」を演じるにまで至った。また、晩年の後村上天皇や南朝最後の天皇後亀山《ごかめやま》も講和派と考えられる。

戦況が一層悪化して、幕府との力の差がますます開くと、無駄で無意味な戦争を終わらせて、交渉でできるだけ有利な条件を獲得しようという声が出てくるのも当然と言える。戦乱に苦しむ民衆を救うために南北朝合一《ごういつ》を行ったと述べた後亀山法皇の後年の回想に窺えるように、当時の為政者たちにも一応撫民思想《ぶみんしそう》が存在したことも注目に値すると思う。なお南朝とは無関係であるが、鎌倉府における鎌倉公方《かまくらくぼう》と関東管領《かんとうかんれい》の対立も、室町幕府に対する主戦派（公方）と講和派（管領）の対立と見ることも可能であろう。
以上長々と述べたことをまとめると、南朝内部の内紛の構図として、戦況が悪化するに伴って、

第一段階―政治理念や政策を中心とした対立

↓

第二段階―分派活動ないし独立運動

↓

第三段階―講和か抗戦かをめぐる対立

と大まかに推移していったと結論づけることができる。

現代政治との比較

さて、このような対立構造は、現代政治との共通点が非常に多いことに気づかされる。最近政権を失った民主党を例に、建武政権―南朝の政治史と比較してみよう。

民主党が与党であった時代の党内抗争は、消費税・環太平洋連携協定（ＴＰＰ）など大きな政策をめぐる問題と密接に関連しているケースがほとんどであった。この点、皇位継承や政治体制で紛糾した建武政権とよく似ていると言えるだろう。

政策の迷走や党内抗争のために支持率が下がってくると、離党して新党を結成する動きが相次いだ。それらの新党の中には、我々こそが民主党の本来の公約を忠実に継承しているると主張するものもあった。また大阪や名古屋などで複数の地域政党が誕生し、躍進したりもした。これらの現象も、建武政権の理念や政策を継承した室町幕府や、護良派による第三王朝設立の分派行動などが相次いだ南朝を彷彿とさせる。

ますます支持率が下がり、衆議院総選挙をめぐる動きが活発になってくると、むしろ敵対する野党と連携する動きも目立った。野田佳彦《のだよしひこ》内閣が、自民党・公明党など当時の野党の賛成を得て、党内の反対派を抑えて消費税率を上げる法律を成立させたことは記憶に新しい。また、民主党を離党して自民党に加入する議員も現れた。このあたりも、講和派と抗戦派に分裂したり、楠木正儀が幕府方に寝返った現象とそっくりである。

このように民主党と南朝の歴史には、類似する現象が多く見られるのである。また民主党以前の歴代自民党政権も、支持率が下がったり選挙で敗北した不利な時期には、多かれ少なかれ同様の現象が起こる傾向があった。

そもそも激動の現代は、政治だけではなく、社会・経済・文化等々あらゆる面で南北朝時代との共通点が非常に多いと筆者は考えている。もちろん何から何まですべて南北朝期と同じと主張するつもりはない。しかし南朝と民主党の類似性からは、「衰退していく政権に一般的に見られる法則」が窺えるのではないだろうか。

本書を政治家の方々が読まれるかどうかは存じ上げないが、もしお読みになる政治家の方々がいらっしゃれば、本書からはある程度の「教訓」が得られるのではないかと愚考する次第である。

すなわち、ご自身が所属される勢力が、大きな政策で妥協できない内部対立を起こしているとか、分派行動が見られたり、あるいはライバル政党との協調をやたら目指しているとか、南朝と似たような現象を起こしていればおそらくは落ち目であり、真剣に反省して劣勢挽回を図るべきであろうということである。ほかにも、辞任をちらつかせることで求心力の維持を狙う頻度が多いとか、党利党略だけで与党や主流派の足を引っ張るケースなども黄信号がともっている証拠である。

敵の長所を学べ

それでは政争に勝ち残るにはどうすればよいのであろうか。筆者は現代政治の専門家ではないし、絶対的で唯一の解答というのも存在しないと思う。本書もそれを論じるのが目的ではない。

なのであくまでも素人の意見であるが、室町幕府のあり方を参考にすれば、「敵対勢力の政策でも優れたものは貪欲に学んで吸収し、実現していく」ことは一つの有力な手段であろう。

それをすれば、与党との違いがわからないとか新鮮味に乏しいと批判される可能性が高いであろう。しかし政策の方向性が正しければ、大多数の国民の支持はきっと得られるはずである。

よく知られたことであるが、室町幕府の基本構造は前代鎌倉幕府、特に六波羅探題《ろくはらたんだい》の体制を継承している。それだけではなく、本書で再三指摘したように建武政権の政治理念から政策まで積極的に模倣したのである。

これに対して南朝の体制は、実は建武政権のそれとはあまり似ていない。例えば綸旨《りんじ》や令旨《りょうじ》などによる所領給付は南朝においても続いたが、それを執行する施行状《しぎょうじょう》の類はほとんど姿を消した。

南朝は史料が極端に少ないので、それを差し引いて考慮する必要はある。だが、征西将軍府のような長期間にわたって優勢だったために、比較的豊富に史料が残っている組織でも明瞭な施行システムは見られない。どうも南朝は、自らが創造した施行システムを放棄してしまったようなのである。

そもそも恩賞充行《おんしょうあてがい》自体が、北畠親房《きたばたけちかふさ》のような保守派の公家が南朝を主導したこともあって建武政権期と比較すると消極的になったことは否めないであろう。恩賞充行とそれを執行する制度は、宿敵である室町幕府がむしろ忠実に継承した。このような姿勢の違いも両者の勝敗を分けた一つの理由である気がする。

なお施行制度に関しては、執事《しつじ》高師直《こうのもろなお》の政敵であった旧足利直義《ただよし》派の斯波《しば》氏も、後に管領《かんれい》になるとこれを継承した。また直義は施行状に消極的であった節が窺えると先に述べたが、その直義も観応の擾乱の頃には施行システムの有効性を認識して、不十分ながらそれを模倣した形跡もあることも看過できない。施行システムは、それだけ当該期の政治・社会情勢に合致した有効な政策だったのであろう。

政策を改良する努力を

もちろん何でもただ真似すればいいというものでもない。受け継いだ政策を一層改良し、発展させていく努力もまた大事である。

これまた施行システムを例に挙げれば、綸旨を執行する雑訴《ざっそ》決断所牒《けつだんしょちょう》を取得するには、三〇日以内に牒発給を申請する申状《もうしじょう》を作成して決断所に提出しなければならなかった。現地で牒を執行する際も、牒だけではなく申状など関連文書も併せて提示する必要があった。しかも、牒の執行は国司と守護が共同で行う原則であったので、双方から執行の使節を現地に招く必要があった。

要するに、決断所牒の獲得とその執行にはかなり煩瑣な手続を経なければならなかったのである。「本領ハナル、訴訟人」などと二条河原落書《にじょうがわらのらくしょ》に揶揄された訴訟当事者にとって、これが物理的・経済的にかなりの負担となっていたであろうことは言うまでもない。綸旨を拝領するだけでも一苦労なのに、その上さらに超えねばならないハードルが待ち受けていたわけである。

対して師直は、将軍の袖判下文《そではんくだしぶみ》の施行状を発給するときに申状を提出する手続を徐々になくしていった。基本的に下文を奉行人《ぶぎょうにん》に見せるだけで施行状が出るようにしたのである。時には下文と施行状を同時に作成することも行われたらしい。申状方式も残されたが、観応の擾乱以降は申状なしの手続が原則となったと考えられる。また、現地での執行も下文と施行状だけで行われたようである。執行の主体も守護単独が普通となった。このように師直は、建武政権よりも施行状発給手続の簡易化を促進し、迅速に恩賞が実現するように工夫したのである。

また師直以降の執事（管領）たちは、従来の充行・寄進《きしん》のみならず、師直期には施行状が出されないのが普通であった所領安堵《しょりょうあんど》に施行状の発給範囲を拡大した。さらには荘園領主に対する段銭《たんせん》などの課税を免除することを命じ、併せて守護の使者が荘園内に立ち入ることを禁止する将軍御判御教書《ごはんみきょうじょ》にも施行状をつけるようになった。つまり、師直期執事施行状の基本フォーマットを維持しながらも、政治・社会情勢の変化に応じて、施行システムのリニューアルが絶えず続けられた事実も付言しておきたい。

「真の独創は、模倣の積み重ねから誕生する」というのもよく聞く言説ではあるが、これはやはり真理であろう。さらに付け加えれば、室町幕府が模倣した建武政権の綸旨施行システム自体も、鎌倉幕府が後期に発達させた所務沙汰《しょむざた》の強制執行制度を綸旨の執行に転用したものであり、完全な無から産まれたわけではない。

スポーツの世界などでは上手な人のプレーを真似することが推奨されるのに、政治では同様のことが言われないのは本当に不思議である。それはともかく、南北朝時代からは政治に限らずほかにも導き出すことのできる教訓がたくさんあるはずだ。それを自分なりに見つけていろいろ考えてみるのも、歴史学を学んだり研究したりする醍醐味であると筆者は考えるのである。

歴史から学ぶとは？――エピローグ

もう何年も前、筆者は鹿児島県の知覧特攻《ちらんとっこう》平和会館を見学したことがある。

特攻隊員の遺書

そこで最も強烈な印象として残っているのは、特攻隊員の方々が出撃の前にご家族に書き残した遺書が多数展示されており、その遺書の多くが楠木正成《くすのきまさしげ》・正行《まさつら》父子に言及していることであった。彼らが戦前の歴史教育で学んだ楠木氏の忠節や、湊川《みなとがわ》の戦《たたか》いおよび四条畷《しじょうなわて》の戦いにおける壮絶な討ち死にに深く感激し、それにも強く影響されて特攻を志願したことは疑いないところである。

特攻で戦死された英霊が強烈に国を想われたお気持ちや、彼らの決死の御覚悟を否定するつもりは毛頭ない。彼らの純粋な愛国心には筆者も感動するし、壮絶な戦死には厳粛な気持ちとなる。しかし、楠公《なんこう》父子のあり方は、果たして特攻隊の精神と同じなのであろうか。

本書をここまで読まれた読者の方々ならば、楠木の精神は特攻隊のそれとは大きく異なる、と言うより正反対と言っても過言ではないことに納得されることと思う。

楠木正成の卓越した「ヴィルトゥ」

南朝の内紛とは関係ないので本書では割愛したが、千早《ちはや》城・赤坂《あかさか》城で鎌倉幕府の大軍を迎え撃った楠木正成は、ただでさえわずかな兵力を極力損耗しない戦い方を選択した。当時の新興武士であった悪党《あくとう》ならではの斬新な戦術を用いて、古いタイプの幕府軍をさんざん翻弄したことは著名な史実であろう。

そこには、河内《かわち》の一介の土豪に過ぎない自分に手こずると、度重なる失政によって全国の武士たちの支持を失いかけている幕府は必ず権威が低下し、彼らが続々と後醍醐《ごだいご》天皇方に寝返るに違いないという冷静な「計算」があった。決してただ理想に奔って終わりの展望が見えない絶望的な戦いを行い、偶然勝利したわけではないのである。正成は紛れもなく戦争の天才であるので、凡人からすれば奇跡を起こしたようにしか見えない。しかし、正成からすれば鎌倉幕府滅亡は奇跡でも何でもなく、ごく常識的な帰結に過ぎなかったのではないだろうか。

そして足利尊氏《あしかがたかうじ》が挙兵すると、前述したように今度は一転して尊氏との講和を模索する。それも足利軍が建武政権軍に大敗し、九州に没落した直後にである。鎌倉幕府の大軍にはまったくひるまなかった正成が、これはいったいどうしたわけか。そこにも、尊氏は武士の絶大な支持を受けているから、北条《ほうじょう》氏とは違って最後には必ず勝利するという正確な情報の収集と分析があったに違いない。

尊氏との講和が後醍醐に拒否され、九州で体勢を立て直した尊氏の大軍が京都にせまっても正成はあきらめなかった。これも先に紹介したとおり、一度足利軍に京都を明け渡し、補給路を封鎖して疲弊させる戦術を提案している。だが、これも感情的な精神論で拒絶された。

そして万策尽きた結果として、湊川の戦いでの壮絶な戦死が起こったのである。しかし、これも特攻隊のように最初から玉砕《ぎょくさい》を目標としていたのではなかったと思われる。古く田中義成が指摘したとおり、足利軍に退路を断たれた故にやむなく自殺せざるを得なかったのが真相であろう。

楠木正成の戦略や戦術は、実はきわめて現実的かつ合理的あった。常に正確な情報収集と分析に努め、己が持つあらゆるものを総動員で駆使して、最小限の損害で最大限の戦果を生み出すことを目指していた。醜い戦法でも勝てるのであれば平気で採用したし、負けたら恥も外聞もなく逃げた。そして、勝利するのが絶対に不可能な場合は、敵と講和することも厭わなかった。後年、実際に子の正儀《まさのり》が寝返って幕府の守護《しゅご》に収まったことも再三述べてきたとおりである。

正成のような小武士にここまで高度な見識があったこと自体が不思議でたまらない。が、よく指摘されているように、おそらく楠木氏が商人的な武士であったことがこうした路線を促進したのであろう。商業活動を通じて、楠木氏は情報の収集・分析の重要性を熟知していたのではないだろうか。

ともかく楠木の戦いは、あくまでも「生き延びる」ことが大前提だったのである。湊川の戦いや四条畷の戦いの印象が強烈すぎるからあまり目立たないが、「名より実を取る精神」こそが楠木氏本来のあり方である。これこそまさしく、一六世紀イタリアの外交官にして政治思想家のマキャヴェリが提唱した、優れた君主や武将が必ず持つべき資質「ヴィルトゥ（力量）」そのものではないか。

さてもう一度言うが、生存と勝利を前提に戦略を立てる楠木氏の精神が、戦死と敗北を前提にする特攻隊のそれとは真逆であったことは明白であろう。

戦前の日本人が楠木正成父子の歴史的偉業を詳しく教育され、認知していたのは周知の事実である。だが筆者が疑問に思うのは、彼らが楠木氏の真価を本当に正しく学んでいたのかということである。

戦前の日本人は、楠木氏からは現実性と合理性、そしていい意味での狡猾さをこそ本当は学ぶべきだったと筆者は考えている。その真価を正しく学び、生かしていたならば、特攻のような無謀な戦術は採用しなかったのではないだろうか。

併せて、戦前の歴史学と教育に、楠木氏の宿敵で逆賊と全否定されていた足利氏を正しく評価する要素があとわずかでもあったならばとも筆者は思う。それでも不幸な大戦や敗北は避けられなかったかもしれないが、死傷者や損害を大幅に減らし、より有利な条件で講和する選択肢があった気がしてならない。

物事を肯定し、好きになることは基本的によいことである。しかし、それも実像を適切に理解しないと思わぬ大被害をもたらすことがある。戦前の楠木氏の教育はその格好の事例であるように思える。

肯定・評価するにせよ、否定・批判するにせよ、ありのままの現実から目をそむけず、正しく理解すること。歴史を学ぶ際には、これが非常に大事であると筆者は考える。そして現実注視を突き詰めると、従来は注目されなかった新しい長所が見えてくることもある。これこそ最も大切なことなのである。

正しい歴史認識と健全な愛国心

一見後醍醐による恣意的で無茶苦茶な政治だったと思われていた建武《けんむ》政権は、実は鎌倉後期の政治体制を基盤としていたり、新政が新しく始めた改革事業も当時の政治・社会情勢に適合した現実的な施策であったことが解明されてきている。その多くが、建武政権の後継者を自認する室町幕府に継承されていることも本書で再三述べてきたとおりである。

かつて網野善彦は、建武政権を非農業民のパワーを吸収した「異形《いぎょう》の王権」と見なす独特の学説を展開して一世を風靡したが、それも新たな建武政権像構築の試みであった。

「南朝の内紛」という、建武政権や南朝にとってはおおよそ不名誉なテーマを深く追究することによって、皇国史観《こうこくしかん》も提示し得なかった新たな建武政権像が誕生し、むしろ高く再評価する結論となった。長所も短所も融合して誕生した新たな見解は、それ以前の浅薄な賛美論や否定論と比較して完成度の高いものとなり、健全かつ成熟した「歴史観」、そして真の「愛国心」を醸し出すのではないだろうか。まさに「醸成」の例えがぴったりである。

正しい歴史認識と健全な愛国心は、自国の優れた部分を過剰に賛美したりしない。もちろん他国や他民族を誹謗中傷するなど論外である。おだやかで控えめで謙虚である。過度な自虐に陥ることも決してない。

そして何より、現実に根づいて立脚した精神が大切である。現実に基づいて過去を正しく反省ないし再評価し、その経験を生かして現在を一所懸命生き、あかるい未来を切り開くのである。本書の最後に、これを提言して締めくくりとしたい。

あとがき

プロローグでも少し触れたように足利尊氏や高師直を大好きな筆者が、初めて執筆した一般向けの歴史書のテーマに彼らの宿敵である南朝を選んだのは、自分でも不思議な気分である。

しかし実際に執筆してみると、結局室町幕府についてもたくさん記述することとなった。それは、本文でも再三述べたように南朝の史料が極端に少ないことや、元来室町幕府を専門の研究テーマとしており、南朝についてはは深く追究してこなかった筆者の力量不足も大きい。

だが、建武政権―南朝を正しく理解するためには、敵方である室町幕府についてもよく知らなければならない。両者は無関係に独立しているのではなく、コインの裏表のように密接不可分に結びついているのである。そのことを執筆しながら痛感した次第である。

平成二三年（二〇一一）九月一〇日、京都の市民学習講座・歴史グループ早雲にて、筆者は「南朝の内紛」と題する講演を行った。この講演が本書の原型である。ありがたいことに当日は一般の歴史愛好家の方々に多数ご参加いただき、質疑応答も活発に交わされた。この内容は一般向けの歴史書として成立するのではないか。講演終了後、そうひらめいたのが本書執筆のきっかけである。また最近、日本中世史研究者の呉座勇一氏が『一揆の原理—日本中世の一揆から現代のＳＮＳまで—』（洋泉社、二〇一二年）を刊行し、学界内外に大きな反響を呼んだことに触発された面も大きい。

そこで、日頃お世話になっている日本中世史研究者の細川重男氏と生駒哲郎氏に相談したところ、吉川弘文館を紹介していただいた。両氏のご尽力がなければ、本書はこの世には存在していない。

常々筆者は、歴史学とは高度な知的娯楽なのではないかと考えている。そして、歴史学の素晴らしさやその最新の研究成果を世間の方々にわかりやすくおもしろく伝えることも、研究者の重要な使命であるとの持論も持っている。その信念を有言実行できる機会を与えてくださった細川・生駒両氏に、この場を借りて篤く御礼を申し上げる。

本書が完成してみると、講演時の内容よりも大幅に肉付けする結果となった。前述したとおり、室町幕府に関しても多数言及した。また両統迭立、中でも鎌倉後期の大覚寺統の分裂については、筆者も今回の執筆を通して初めて知った知見が多い。

結局、現在筆者が持っている南北朝時代政治史の知識をほぼ総動員して執筆した観がある。専門家向けの学術専門書に何ら遜色がないほど全力を尽くしたと自負する。一般書執筆の難しさや奥深さを体験できたこともまたとない収穫である。

本書は最新の研究成果を可能な限り紹介するように努力したつもりである。しかし、プロローグでも述べたとおり、南朝の内紛史の大半は佐藤進一『南北朝の動乱』(中央公論社、一九七四年、初出一九六五年)ですでに言及されている。南北朝時代史を南朝の内紛を基軸に構成し直し、ごくわずかの新知見を加えたにすぎないのではないか。内心その怖れが消えない。戦後の南北朝史研究における巨人佐藤進一氏の偉大さを改めて痛感するとともに、読者諸賢の忌憚のないご叱正やご批判をいただければ幸いである。

エピローグでは、皇国史観が見落とした楠木正成の真価について再評価した。だが、筆者自身の今までの人生は正成の足下にも及ばない失敗の連続であった。「敵の長所を学べ」など、よくもこの口で言えたものだと我ながら恥ずかしかったりする。

筆者自身も、改めて正成や尊氏・師直に学んで彼らのヴィルトゥを身につけ、研究者としても人間としても一層精進に励んで成長し続けていきたい。

最後に、本書の刊行に尽力された編集の石津輝真氏にお礼を述べたい。

二〇一三年九月一七日

亀田俊和

主要参考文献

網野善彦「建武新政府における足利尊氏」（同『網野善彦著作集　第六巻―転換期としての鎌倉末・南北朝期―』岩波書店、二〇〇七年、初出一九七八年）
網野善彦「異形の王権―後醍醐・文観・兼光―」（右所掲同氏著書、初出一九八六年）
新井孝重「興良・常陸親王考」（『獨協経済』七四、二〇〇一年）
市沢　哲「鎌倉後期の公家政権の構造と展開―建武新政への一展望―」（同『日本中世公家政治史の研究』校倉書房、二〇一一年、初出一九九二年）
伊藤喜良「初期の鎌倉府」（同『中世国家と東国・奥羽』校倉書房、一九九九年、初出一九六九年）
伊藤喜良「建武政権試論―成立過程を中心として―」（右所掲同氏著書、初出一九九八年）
井之元春義『楠木氏三代―正成・正行・正儀―』（創元社、一九九七年）
岡野友彦『北畠親房―大日本は神国なり―』（ミネルヴァ書房、二〇〇九年）
遠藤　巌「建武政権下の陸奥国府に関する一考察」（豊田武教授還暦記念会編『日本古代・中世史の地方的展開』吉川弘文館、一九七三年）
大田壮一郎「大覚寺門跡と室町幕府」（同『室町幕府の政治と宗教』塙書房、二〇一四年、初出一九九九年）
小川　信『細川頼之』（吉川弘文館、一九八九年、初出一九七二年）

小川　信『足利一門守護発展史の研究』（吉川弘文館、一九八〇年）
亀田俊和『室町幕府管領施行システムの研究』（思文閣出版、二〇一三年）
菊地大樹「宗尊親王の王孫と大覚寺統の諸段階」（『歴史学研究』七四七、二〇〇一年）
熊谷隆之「ふたりの為時―得宗専制の陰翳―」（『日本史研究』六一一、二〇一三年）
桑山浩然「室町幕府の草創期における所領」（同『室町幕府の政治と経済』吉川弘文館、二〇〇六年、初出一九六三年）
高坂　好『赤松円心・満祐』（吉川弘文館、一九八八年、初出一九七〇年）
坂口太郎「鎌倉後期・建武政権期の大覚寺統と大覚寺門跡―性円法親王を中心として―」（『史学雑誌』一二二―四、二〇一三年）
桜井英治『室町人の精神』（講談社、二〇〇九年、初出二〇〇一年）
佐藤進一「室町幕府開創期の官制体系」（同『日本中世史論集』岩波書店、一九九〇年、初出一九六〇年）
佐藤進一「室町幕府論」（右所掲同氏著書、初出一九六三年）
佐藤進一『南北朝の動乱』（中央公論社、一九七四年、初出一九六五年）
清水克行『足利尊氏と関東』（吉川弘文館、二〇一三年）
下坂　守「守屋家旧蔵本騎馬武者像の像主」（同『描かれた日本の中世―絵図分析論―』法蔵館、二〇〇三年、初出一九八二年）
瀬野精一郎『足利直冬』（吉川弘文館、二〇〇五年）

田中義成『南北朝時代史』（講談社、一九七九年、初出一九二二年）
田辺久子『関東公方足利氏四代―基氏・氏満・満兼・持氏―』（吉川弘文館、二〇〇二年）
羽下徳彦「足利直義の立場―その二　裁許状を通じて―」（同『中世日本の政治と史料』吉川弘文館、一九九五年、初出一九七三年）
橋本芳和「元弘元年康仁親王立太子の背景（Ⅰ）～（Ⅲ）」（『政治経済史学』四七三～四七五、二〇〇六年）
橋本芳和「建武政権転覆未遂の真相（Ⅰ）～（Ⅳ）―東西同時蜂起計画の信憑性―」（『政治経済史学』五〇一～五〇四、二〇〇八年）
平泉　澄『少年日本史』（時事通信社、一九七〇年）
細川重男『鎌倉幕府の滅亡』（吉川弘文館、二〇一一年）
本郷和人「文保の和談―鎌倉時代、皇位の継承はだれが定めたか―」（『UP』二八一、一九九六年）
前田　徹「観応の擾乱と赤松則祐」（『兵庫県立歴史博物館紀要　塵界』二三、二〇一二年）
松永和浩「室町期における公事用途調達方式の成立過程―「武家御訪」から段銭へ―」（同『室町期公武関係と南北朝内乱』吉川弘文館、二〇一三年、初出二〇〇六年）
松山充宏「南北朝期守護家の再興―匠作流桃井氏の幕政復帰―」（『富山史壇』一四二・一四三、二〇〇四年）
三浦龍昭『征西将軍府の研究』（青史出版、二〇〇九年）
三浦龍昭「新室町院珣子内親王の立后と出産」（宇高良哲先生古稀記念論文集刊行会編『歴史と仏教』、

二〇一二年）
村井章介「征西府権力の性格」（同『アジアのなかの中世日本』校倉書房、一九八八年）
森　茂暁『増補改訂　南北朝期公武関係史の研究』（思文閣出版、二〇〇八年、初出一九七九年）
森　茂暁『皇子たちの南北朝―後醍醐天皇の分身―』（中央公論社、二〇〇七年、初出一九八八年）
森　茂暁『闇の歴史、後南朝―後醍醐流の抵抗と終焉―』（角川書店、一九九七年）
森　茂暁『南朝全史―大覚寺統から後南朝へ―』（講談社、二〇〇五年）
山田邦明「千葉氏と足利政権―南北朝期を中心に―」（同『鎌倉府と関東―中世の政治秩序と在地社会―』校倉書房、一九九五年、初出一九八八年）
山田　徹「天竜寺領の形成」（『ヒストリア』二〇七、二〇〇七年）

著者紹介

一九七三年、秋田県に生まれる

一九九七年、京都大学文学部史学科国史学専攻卒業

二〇〇三年、京都大学大学院文学研究科博士後期課程歴史文化学専攻(日本史学)研究指導認定退学

二〇〇六年、京都大学博士(文学)

その後、日本学術振興会特別研究員を経て、現在、京都大学文学部非常勤講師

主要著書・論文

『室町幕府管領施行システムの研究』(思文閣出版、二〇一三年)、「清廉潔白な奉行人―室町幕府奉行人依田時朝に関する一考察―」(『ぶい&ぶい』一八、二〇一一年)

歴史文化ライブラリー

378

南朝の真実

忠臣という幻想

二〇一四年(平成二十六)六月一日 第一刷発行
二〇一四年(平成二十六)七月一日 第二刷発行

著 者 亀《かめ》田《だ》俊《とし》和《たか》

発行者 吉川道郎

発行所 株式会社 吉川弘文館
東京都文京区本郷七丁目二番八号
郵便番号一一三―〇〇三三
電話〇三―三八一三―九一五一〈代表〉
振替口座〇〇一〇〇―五―二四四
http://www.yoshikawa-k.co.jp/

印刷=株式会社 平文社
製本=ナショナル製本協同組合
装幀=清水良洋・宮崎萌美

ISBN978-4-642-05778-3

歴史文化ライブラリー

1996.10

刊行のことば

現今の日本および国際社会は、さまざまな面で大変動の時代を迎えておりますが、近づきつつある二十一世紀は人類史の到達点として、物質的な繁栄のみならず文化や自然・社会環境を謳歌できる平和な社会でなければなりません。しかしながら高度成長・技術革新にともなう急激な変貌は「自己本位な刹那主義」の風潮を生みだし、先人が築いてきた歴史や文化に学ぶ余裕もなく、いまだ明るい人類の将来が展望できていないようにも見えます。このような状況を踏まえ、よりよい二十一世紀社会を築くために、人類誕生から現在に至る「人類の遺産・教訓」としてのあらゆる分野の歴史と文化を「歴史文化ライブラリー」として刊行することといたしました。

小社は、安政四年（一八五七）の創業以来、一貫して歴史学を中心とした専門出版社として書籍を刊行しつづけてまいりました。その経験を生かし、学問成果にもとづいた本叢書を刊行し社会的要請に応えて行きたいと考えております。

現代は、マスメディアが発達した高度情報化社会といわれますが、私どもはあくまでも活字を主体とした出版こそ、ものの本質を考える基礎と信じ、本叢書をとおして社会に訴えてまいりたいと思います。これから生まれでる一冊一冊が、それぞれの読者を知的冒険の旅へと誘い、希望に満ちた人類の未来を構築する糧となれば幸いです。

吉川弘文館

歴史文化ライブラリー

中世史

源氏と坂東武士――野口　実
鎌倉源氏三代記　一門・重臣と源家将軍――永井　晋
吾妻鏡の謎――奥富敬之
鎌倉北条氏の興亡――奥富敬之
都市鎌倉の中世史　吾妻鏡の舞台と主役たち――秋山哲雄
源　義経――元木泰雄
弓矢と刀剣　中世合戦の実像――近藤好和
騎兵と歩兵の中世史――近藤好和
その後の東国武士団　源平合戦以後――関　幸彦
声と顔の中世史　戦さと訴訟の場景より――蔵持重裕
運　慶　その人と芸術――副島弘道
北条政子　尼将軍の時代――野村育世
乳母の力　歴史を支えた女たち――田端泰子
荒ぶるスサノヲ、七変化〈中世神話〉の世界――斎藤英喜
曽我物語の史実と虚構――坂井孝一
日　蓮――中尾　堯
捨聖《すてひじり》一　遍――今井雅晴
神や仏に出会う時　中世びとの信仰と絆――大喜直彦
神風の武士像　蒙古合戦の真実――関　幸彦
鎌倉幕府の滅亡――細川重男
足利尊氏と直義　京の夢、鎌倉の夢――峰岸純夫
東国の南北朝動乱　北畠親房と国人――伊藤喜良
南朝の真実　忠臣という幻想――亀田俊和
中世の巨大地震――矢田俊文
大飢饉、室町社会を襲う！――清水克行
贈答と宴会の中世――盛本昌広
中世の借金事情――井原今朝男
庭園の中世史　足利義政と東山山荘――飛田範夫
土一揆の時代――神田千里
山城国一揆と戦国社会――川岡　勉
一休とは何か――今泉淑夫
中世武士の城――齋藤慎一
武田信玄――平山　優
歴史の旅　武田信玄を歩く――秋山　敬
武田信玄像の謎――藤本正行
戦国大名の危機管理――黒田基樹
戦乱の中の情報伝達　使者がつなぐ中世京都と在地――酒井紀美
戦国時代の足利将軍――山田康弘
戦国を生きた公家の妻たち――後藤みち子

歴史文化ライブラリー

- 鉄砲と戦国合戦——宇田川武久
- よみがえる安土城——木戸雅寿
- 検証 本能寺の変——谷口克広
- 加藤清正 朝鮮侵略の実像——北島万次
- 北政所と淀殿 豊臣家を守ろうとした妻たち——小和田哲男
- 偽りの外交使節 室町時代の日朝関係——橋本 雄
- 朝鮮人のみた中世日本——関 周一
- ザビエルの同伴者 アンジロー 戦国時代の国際人——岸野 久
- 海賊たちの中世——金谷匡人
- 中世 瀬戸内海の旅人たち——山内 譲

近世史

- 神君家康の誕生 東照宮と権現様——曽根原 理
- 江戸の政権交代と武家屋敷——岩本 馨
- 江戸御留守居役 近世の外交官——笠谷和比古
- 検証 島原天草一揆——大橋幸泰
- 隠居大名の江戸暮らし 年中行事と食生活——江後迪子
- 大名行列を解剖する 江戸の人材派遣——根岸茂夫
- 江戸大名の本家と分家——野口朋隆
- 赤穂浪士の実像——谷口眞子
- 〈甲賀忍者〉の実像——藤田和敏
- 江戸の武家名鑑 武鑑と出版競争——藤實久美子
- 武士という身分 城下町萩の大名家臣団——森下 徹
- 次男坊たちの江戸時代 公家社会の〈厄介者〉——松田敬之
- 宮中のシェフ、鶴をさばく 江戸時代の朝廷と庖丁道——西村慎太郎
- 江戸時代の孝行者 「孝義録」の世界——菅野則子
- 死者のはたらきと江戸時代 遺訓・家訓・辞世——深谷克己
- 近世の百姓世界——白川部達夫
- 江戸の寺社めぐり 鎌倉・江ノ島・お伊勢さん——原 淳一郎
- 宿場の日本史 街道に生きる——宇佐美ミサ子
- 〈身売り〉の日本史 人身売買から年季奉公へ——下重 清
- 江戸の捨て子たち その肖像——沢山美果子
- 歴史人口学で読む江戸日本——浜野 潔
- 京のオランダ人 阿蘭陀宿海老屋の実態——片桐一男
- それでも江戸は鎖国だったのか オランダ宿日本橋長崎屋——片桐一男
- 江戸の文人サロン 知識人と芸術家たち——揖斐 高
- 北斎の謎を解く 生活・芸術・信仰——諏訪春雄
- 江戸と上方 人・モノ・カネ・情報——林 玲子
- エトロフ島 つくられた国境——菊池勇夫
- 災害都市江戸と地下室——小沢詠美子
- 浅間山大噴火——渡辺尚志

歴史文化ライブラリー

アスファルトの下の江戸 住まいと暮らし――寺島孝一
江戸の流行り病 麻疹騒動はなぜ起こったのか――鈴木則子
江戸幕府の日本地図 国絵図・城絵図・日本図――川村博忠
江戸城が消えていく『江戸名所図会』の到達点――千葉正樹
都市図の系譜と江戸――小澤 弘
江戸の地図屋さん 販売競争の舞台裏――俵 元昭
近世の仏教 華ひらく思想と文化――末木文美士
江戸時代の遊行聖――圭室文雄
幕末民衆文化異聞 真宗門徒の四季――奈倉哲三
江戸の風刺画――南 和男
幕末維新の風刺画――南 和男
ある文人代官の幕末日記 林鶴梁の日常――保田晴男
幕末の世直し 万人の戦争状態――須田 努
幕末の海防戦略 異国船を隔離せよ――上白石 実
江戸の海外情報ネットワーク――岩下哲典
黒船がやってきた 幕末の情報ネットワーク――岩田みゆき
幕末日本と対外戦争の危機 下関戦争の舞台裏――保谷 徹

近・現代史

幕末明治 横浜写真館物語――斎藤多喜夫
横井小楠 その思想と行動――三上一夫
水戸学と明治維新――吉田俊純
旧幕臣の明治維新 沼津兵学校とその群像――樋口雄彦
大久保利通と明治維新――佐々木 克
維新政府の密偵たち 御庭番と警察のあいだ――大日方純夫
明治維新と豪農 古橋暉皃の生涯――高木俊輔
文明開化 失われた風俗――百瀬 響
西南戦争 戦争の大義と動員される民衆――猪飼隆明
明治外交官物語 鹿鳴館の時代――犬塚孝明
自由民権運動の系譜 近代日本の言論の力――稲田雅洋
明治の政治家と信仰 クリスチャン民権家の肖像――小川原正道
福沢諭吉と福住正兄《ふくずみまさえ》 世界と地域の視座――金原左門
日赤の創始者 佐野常民《つねたみ》――吉川龍子
文明開化と差別――今西 一
アマテラスと天皇〈政治シンボル〉の近代史――千葉 慶
明治の皇室建築 国家が求めた〈和風〉像――小沢朝江
明治神宮の出現――山口輝臣
日清・日露戦争と写真報道 戦場を駆ける写真師たち――井上祐子
博覧会と明治の日本――國 雄行
公園の誕生――小野良平
啄木短歌に時代を読む――近藤典彦

歴史文化ライブラリー

歴史文化ライブラリー

名づけの民俗学 地名・人名はどう命名されてきたか――田中宣一
番と衆 日本社会の東と西――福田アジオ
記憶すること・記録すること 聞き書き論ノート――香月洋一郎
番茶と日本人――中村羊一郎
踊りの宇宙 日本の民族芸能――三隅治雄
日本の祭りを読み解く――真野俊和
柳田国男 その生涯と思想――川田　稔
婚姻の民俗 東アジアの視点から――江守五夫
海のモンゴロイド ポリネシア人の祖先をもとめて――片山一道

世界史

黄金の島 ジパング伝説――宮崎正勝
琉球と中国 忘れられた冊封使――原田禹雄
古代の琉球弧と東アジア――山里純一
アジアのなかの琉球王国――高良倉吉
琉球国の滅亡とハワイ移民――鳥越皓之
王宮炎上 アレクサンドロス大王とペルセポリス――森谷公俊
イングランド王国前史 アングロサクソン七王国物語――桜井俊彰
イングランド王国と闘った男 ジェラルド・オブ・ウェールズの時代――桜井俊彰
魔女裁判 魔術と民衆のドイツ史――牟田和男
フランスの中世社会 王と貴族たちの軌跡――渡辺節夫
ヒトラーのニュルンベルク 第三帝国の光と闇――芝　健介
スカルノ インドネシア「建国の父」と日本――後藤乾一・山﨑　功
人権の思想史――浜林正夫
グローバル時代の世界史の読み方――宮崎正勝

考古学

農耕の起源を探る イネの来た道――宮本一夫
O脚だったかもしれない縄文人 人骨は語る――谷畑美帆
吉野ケ里遺跡 保存と活用への道――納富敏雄
〈新〉弥生時代 五〇〇年早かった水田稲作――藤尾慎一郎
交流する弥生人 金印国家群の時代の生活誌――高倉洋彰
古　墳――土生田純之
銭の考古学――鈴木公雄
太平洋戦争と考古学――坂詰秀一

古代史

邪馬台国 魏使が歩いた道――丸山雍成
邪馬台国の滅亡 大和王権の征服戦争――若井敏明
日本語の誕生 古代の文字と表記――沖森卓也
日本国号の歴史――小林敏男
古事記の歴史意識――矢嶋　泉
古事記のひみつ 歴史書の成立――三浦佑之

歴史文化ライブラリー

日本神話を語ろう イザナキ・イザナミの物語――中村修也
東アジアの日本書紀 歴史書の誕生――遠藤慶太
〈聖徳太子〉の誕生――大山誠一
聖徳太子と飛鳥仏教――曾根正人
倭国と渡来人 交錯する「内」と「外」――田中史生
大和の豪族と渡来人 葛城・蘇我氏と大伴・物部氏――加藤謙吉
古代豪族と武士の誕生――森 公章
飛鳥の宮と藤原京 よみがえる古代王宮――林部 均
古代出雲――前田晴人
エミシ・エゾからアイヌへ――児島恭子
悲運の遣唐僧 円載の数奇な生涯――佐伯有清
遣唐使の見た中国――古瀬奈津子
古代の皇位継承 天武系皇統は実在したか――遠山美都男
持統女帝と皇位継承――倉本一宏
古代天皇家の婚姻戦略――荒木敏夫
高松塚・キトラ古墳の謎――山本忠尚
壬申の乱を読み解く――早川万年
家族の古代史 恋愛・結婚・子育て――梅村恵子
万葉集と古代史――直木孝次郎
古代の都はどうつくられたか 中国・日本・朝鮮・渤海――吉田 歓
平城京に暮らす 天平びとの泣き笑い――馬場 基
すべての道は平城京へ 古代国家の〈支配の道〉――市 大樹
都はなぜ移るのか 遷都の古代史――仁藤敦史
聖武天皇が造った都 難波宮・恭仁宮・紫香楽宮――小笠原好彦
古代の都と神々 怪異を吸いとる神社――榎村寛之
平安朝 女性のライフサイクル――服藤早苗
平安京のニオイ――安田政彦
平安京の災害史 都市の危機と再生――北村優季
天台仏教と平安朝文人――後藤昭雄
藤原摂関家の誕生 平安時代史の扉――米田雄介
安倍晴明 陰陽師たちの平安時代――繁田信一
源氏物語の風景 王朝時代の都の暮らし――朧谷 寿
古代の神社と祭り――三宅和朗
時間の古代史 霊鬼の夜、秩序の昼――三宅和朗

各冊一七〇〇円～一九〇〇円(いずれも税別)
▽残部僅少の書目も掲載してあります。品切の節はご容赦下さい。